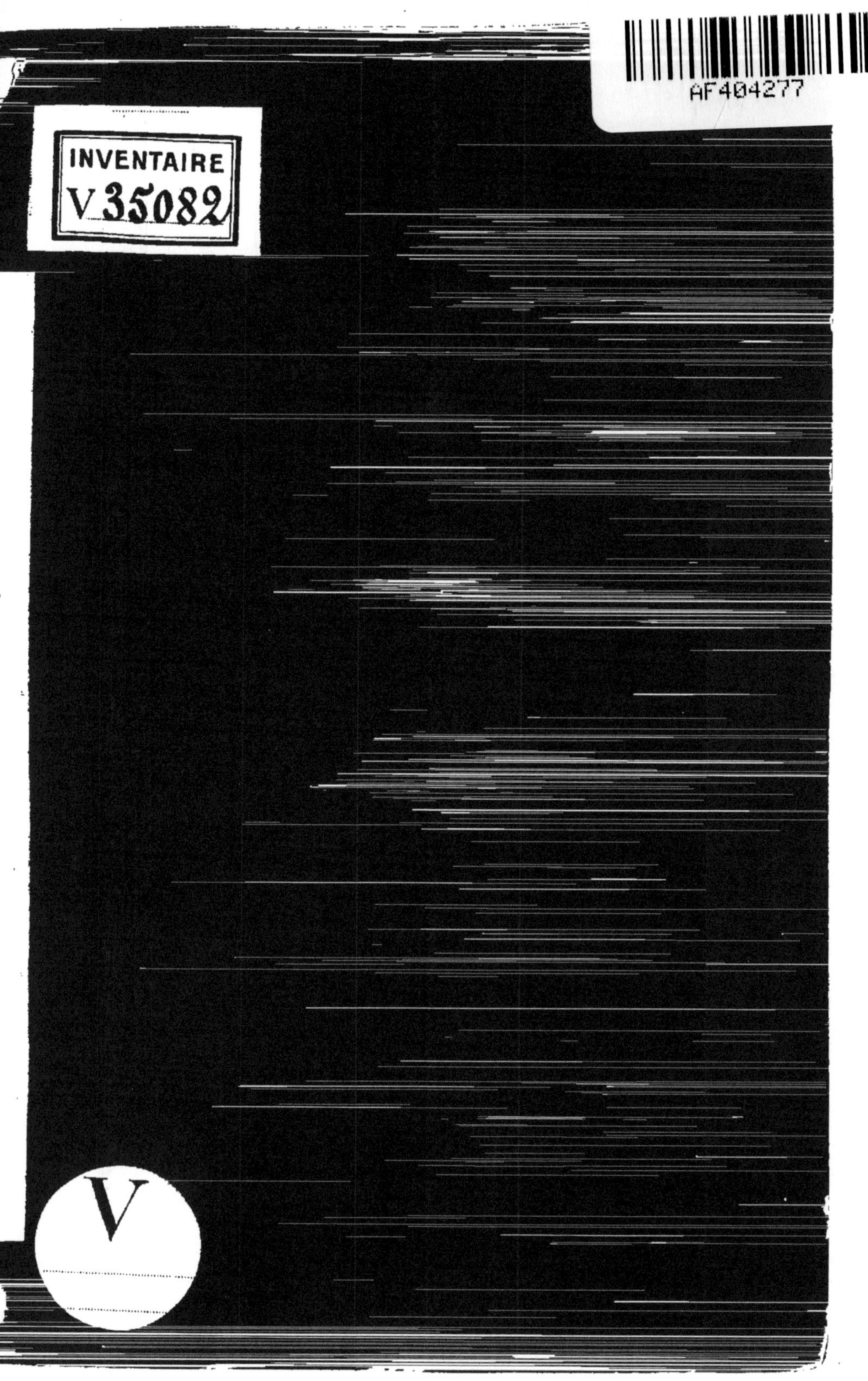

CATALOGUE

DE TABLEAUX

DES ÉCOLES D'ITALIE,

DE FLANDRES ET DE FRANCE.

Dessins précieux, montés & non montés des trois Écoles; Estampes, dont presque l'œuvre de *Labelle*; Terres Cuites, Figures de Bronze, de Marbre, de Plomb; Porcelaines, Tabatieres, Médailles antiques & modernes; formant le Cabinet de feu M. COLLET, Chevalier de l'Ordre de Saint Michel, &c. &c.

Par J. B. P. LE BRUN, Garde des Tableaux de Mgr. Comte d'Artois.

La Vente s'en fera le Lundi 14 *Mai en la grande Salle rue de Cléry, n° 96, où l'on verra l'exposition les deux jours qui précéderont la Vente depuis* 10 *heures du matin jusqu'à une heure précise.*

Le présent Catalogue se distribue

A PARIS,

Chez M. LE BRUN, Peintre, rue de Cléry, n°. 95.

1787.

AVANT-PROPOS.

Qu'il me soit permis d'oublier un moment la charmante collection que je vais décrire, pour ne parler que d'un Citoyen honnête & distingué, que les Arts & les Lettres doivent également regretter.

M. Louis-Jean-François *Collet* * n'est point un de ces hommes qui, jetés au hasard sur la terre, & réputés à-peu-près nuls pour la société, naissent, vivent & meurent sans avoir connu un seul instant le prix de l'existence. Utile à son pays par ses talens, cher à ses amis par ses vertus, M. Collet a rempli sa carriere d'une maniere honorable, & a du moins eu en mourant, la consolation d'emporter des regrets justement mérités.

C'est en 1751 qu'il fut nommé Secré-

---

* Il étoit né à Paris le 16 Mars 1722.

A ij

taire d'ambaſſade à *Parme* à la ſuite de M. le Marquis *de Cruſſol*, envoyé Miniſtre Plénipotentiaire en cette Cour. Dans le long ſéjour qu'il y fit, il eut bientôt juſtifié le choix que l'on avoit fait de lui pour remplir la place dont il étoit honoré. Il eut même l'avantage de reſter ſeul chargé des affaires de la Cour de France pendant les abſences de ſon Miniſtre, & dans ce poſte plus important, il remplit ſi bien les fonctions délicates dont il étoit chargé, que pour lui en témoigner ſa ſatisfaction, Louis XV lui envoya par M. le Comte *de Rochechouart*, nommé pour remplacer M. *de Cruſſol*, le cordon noir avec un brevet de penſion. Ce fut alors que MADAME L'INFANTE ſe l'attacha particulierement comme Secrétaire de ſes Commandemens. Mais M. *Collet*, preſſé du deſir de revoir ſa patrie, & content de lui avoir payé le tribut de ſes ſervices, ſe détermina à revenir en France, & y arriva en 1756.

De retour dans fa patrie, il confacra fon tems aux Arts & aux Lettres; il n'avoit point perdu dans le féjour qu'il avoit fait loin d'elle, les momens de loifir que fes travaux lui laiffoient. En foumettant fes goûts à fes occupations, il avoit étudié les productions des grands Peintres, & s'étoit nourri de la lecture des meilleurs Poëtes de l'Italie; auffi ne tarda-t-il point à entrer en concurrence avec les Auteurs Dramatiques qui travailloient alors pour le théâtre de la Nation.

L'Ifle Déferte, Comédie en un acte & en vers, qu'il fit repréfenter * par les Comédiens François, le fit connoître avantageufement. Le développement heureufement ménagé d'un cœur naïf & tendre, la pureté d'un ftile élégant & correct, & la gaité de quelques fcênes vraiment comiques, affurerent bientôt le fuccès d'un ouvrage fait pour refter au Théâtre,

* Le 23 Août 1758.

A iij

& qu'on regrette de ne pas voir plus fou-
vent. M. *Collet* avoit donné la même
année à l'Opéra *Vénus & Adonis*, avec
la mufique de *Mondonville*; & en 1776,
les Comédiens François donnerent encore
de lui une Comédie en trois actes & en
vers fous le nom d'*Abdolonyme* ou le *Roi
Berger*. Ajoutons à cette lifte peu nom-
breufe d'ouvrages qu'il avoit rendus pu-
blics, quelques pieces fugitives imprimées,
& fur-tout une *Épitre à l'Hymen*, remplie de détails ingénieux & faciles qui
prouvoient également en faveur de fon
ame & de fon efprit, & qui lui mériterent
les fuffrages *de Greffet*. Je ne parlerai point
de quelques Opéras & d'autres pieces que
fa modeftie lui a fait tenir foigneufement
cachées dans fon porte-feuille, & qui, fi
elles avoient été connues, n'auroient fait
qu'ajouter à fa réputation. Ce fut pourtant
d'après fes fuccès, & fur la haute opinion
que l'on avoit conçue de lui, qu'à la mort
de M. *Morand* * il fut choifi pour remplir

---

* En 1773.

la place *de Secrétaire de l'Ordre de Saint-Michel*, que MADAME SOPHIE DE FRANCE le nomma *Secrétaire de son cabinet* *, & qu'enfin quelques années avant sa mort il fut fait *Censeur Royal.* **. C'est dans le cours de ses différens travaux qu'il se délassoit en visitant les Artistes; il aimoit à s'entretenir avec eux. Sa maison étoit aussi le rendez-vous des gens de lettres. MM. *Dorat, Lemierre, Rochon de Chabannes, du Doyer, & Blin de Saintmore* étoient liés avec lui, & rendent également justice aux qualités de son cœur & de son esprit.

Mettons un dernier trait à cette legere esquisse. Naturellement bon & juste, M. Collet ne permettoit jamais que l'on attaquât ses amis devant lui; toujours prêt à les défendre en leur absence, la médisance & la calomnie avoient le même tort à ses yeux : aussi fut-il assez heureux pour goûter toutes les douceurs de l'amitié. Adoré

* En 1777. ** En 1783.

A iv

d'une famille respectable, les noms d'époux & de pere étoient des mots qu'il ne pronoçoit jamais qu'avec attendrissement. Doué d'une complexion forte & d'un tempéramment robuste, il résista longtems aux attaques d'une maladie aigue ; mais il y succomba enfin, & mourut dans les douleurs les plus cruelles le 6 Mars dernier.

Le Cabinet qu'il laisse, & qu'il s'étoit plu à former, offre des desseins des différentes écoles, aussi rares que précieux, parmi lesquels on en remarque plusieurs de *Laurent de Lahire* qu'il avoit achetés de la famille même de ce Peintre, & qui font en partie les premieres pensées de ceux de Saint-Étienne-du-Mont. On distingue aussi dans sa collection, des Tableaux d'un choix pur, des Terres Cuites, des Marbres, des Bronzes, des Médailles antiques, & différens autres objets de *curiosité* intéressans.

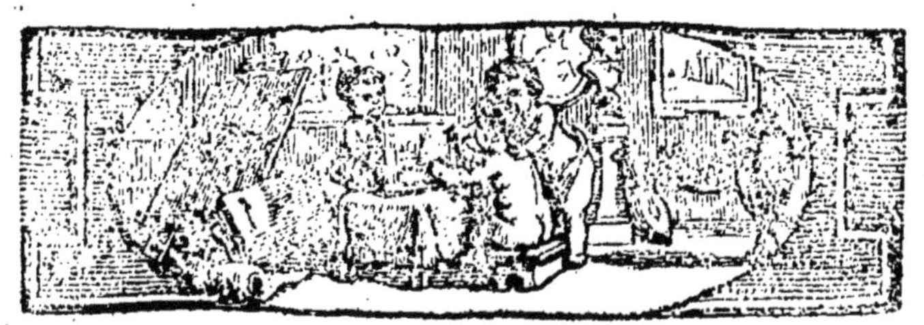

CATALOGUE

DE TABLEAUX,

DES ÉCOLES D'ITALIE,

DE FLANDRES, DE HOLLANDE

ET DE FRANCE,

ET AUTRES OBJETS.

DIFFÉRENTES ÉCOLES D'ITALIE.

ANTOINE CORREGE.

N°. 1 DEUX petites Têtes d'Anges, vues de profil ; ces deux jolis Tableaux sont vraiment du Peintre celebre dont nous les annonçons. 28 lignes de diamêtre. Toile collée sur bois.

LE PARMESAN.

2 Sainte Catherine ; elle eſt dans un Payſage aſſiſe auprès d'un Palmier , & reçoit des Palmes que deux jeunes Anges s'occupent à lui cueillir. Ce Tableau qui eſt dé la plus jolie compoſition, réunit à un deſſin très correct, une execution précieuſe. Hauteur 9 pouc. 10 lignes , larg. 7 pouc. 6 lignes C.

PARMESAN & M. LAGRÉNÉE jeune.

3 Deux Têtes vues de profil en regard , & faiſant pendants ; l'une d'elles eſt coïffée d'un turban. Haut. 3 pouc. & demi, largeur 2 pouc. 9 lignes. B.

SCHIDONE

4 Un Repos en Egypte. Là Sainte Vierge vêtue d'une robe rouge eſt aſſiſe près d'un débris de colonne, & tient ſur ſes genoux l'enfant Jeſus qui tend les mains pour recevoir des dattes que lui cueille Saint Joſeph, debout auprès de lui. Hauteur 9 pouc., larg. 7 pouc. B.

PEZARÉS.

5 Saint-Jérôme dans un déſert. Il eſt à genoux, un livre de prieres eſt ouvert devant lui poſé ſur une pierre ; la tête eſt vue de face, le regard tourné vers le Ciel. Ce Tableau vigoureux eſt de la plus grande maniere. Haut. 12 pouc., larg. 17 pouc. 9 lignes. T.

PAR LE MÊME.

6 Le petit Saint-Jean, couché endormi, la main ap-

puyée fur fon agneau , une gloire de chérubins le contemple. 3 pouces de diamêtre. C.

L. CARRACHE.

7 Une fuite en Egypte. Les figures font vûes à mi-corps, la Vierge eft habillée d'une tunique rouge, recouverte d'une draperie bleue. Il peut fervir de pendant à l'article précédent. 3 p. de diamêtre. C.

DE L'ÉCOLE DU CARRACHE.

8 Un tableau repréfentant la Vierge vûe à mi-corps, tenant l'Enfant Jéfus dans fes bras. Ovale en travers. Hauteur 5 pouces, larg. 6 pouces 6 lign. B.

DE L'ÉCOLE DU POUSSIN.

8 *Bis*. Un tableau de même grandeur, repréfentant deux enfans couchés qui fe jouent. T.

LE GUIDE.

9 Le Chrift couronné d'épines , & la Vierge ; deux ovales faifant pendans. Ces tableaux très-fins & précieux, font du beau tems de ce célebre artifte. Hauteur 3 pouces 6 lignes , largeur 3 pouces. C.

DE LA CIRANY.

10 Le petit Saint-Jean affis , & contemplant une croix ; le fond eft un payfage. Hauteur 4 pouces 6 lignes, largeur 7 pouces 5 lignes.

GUIDO CAGNIACCY.

11 Sainte-Catherine tenant une palme ; elle eft vûe de trois quarts & à mi-corps, habillée d'une draperie violette, la tête élevée vers le ciel. Ce tableau

d'un bon caractere & d'une bonne expression, est d'une touche savante. Hauteur 25 pouces, largeur 21 pouces. T.

M. DE CARRAVAGE.

12 Saint-François en méditation dans le désert, prosterné devant un crucifix. Ce tableau, d'une touche ferme & d'un beau caractere, est d'un dessin pur & correct. Hauteur 43 pouces, largeur 30 pouces. T.

LANFRANCO.

13 Une belle tête d'homme, portant barbe blanche, représentant S. Pierre. Ce tableau, d'une touche ferme & d'un beau caractere, est d'une grande vérité. Haut. 18 pouces, largeur 15 pouces. T.

F. BOLOGNESE.

14 Deux Paysages. Dans l'un on voit sur le premier plan un homme & une femme dans un grand chemin; plus loin, auprès d'une riviere faisant cascade, trois figures sont assises, des masses d'arbres d'un beau feuillé ornent les différens plans de ce tableau, dont le fond offre de grandes fabriques & des montagnes qui se détachent sur un ciel clair. L'autre offre sur un terrein enrichi d'arbres & de plantes, entrecoupé d'une riviere, un pâtre assis auprès d'un troupeau de moutons; près de-là sont deux femmes, dont l'une tient un enfant dans ses bras; le fond est terminé par

des montagnes. Haut. 9 pouces, largeur 7 pouc. 6 lignes. C.

E. B. MURILLOS.

15 Saint-Bruno à genoux devant la Vierge, que l'on voit fur un nuage, portant l'enfant Jéfus dans fes bras ; trois chérubins font grouppés auprès. Ce tableau, éclairé par la gloire qui environne la vierge, eft d'un effet piquant. Hauteur 7 pouces 6 lignes, largeur 5 pouces 5 lignes. B.

MOLA.

16 Un beau payfage, dans lequel on voit Agar à qui l'ange ordonne de la part de Dieu de ne pas laiffer mourir fon fils, que l'on voit couché languiffant auprès d'une pierre ; Agar, vêtue d'une robe bleue, eft auprès d'un arbre, l'Ange au-deffus d'elle eft porté fur un nuage. Ce tableau eft dans fon genre un des plus capitaux & des plus beaux de ce maître. Haut. 16 pouces, larg. 20 pouc. T.

BENEDETTE.

17 Un payfage, fur le devant duquel eft un grouppe de figures & une marche d'animaux, d'autres acceffoires enrichiffent cette compofition, qui eft d'une couleur brillante. Hauteur 14 pouces, largeur 21 pouces. T.

BENEDETTO LUTTI.

18 La Magdeleine, elle eft vue dans une grotte affife fur une pierre & enveloppée d'une draperie

bleue qui laisse sa poitrine découverte ; elle paroît
dans l'abattement, une tête de mort est dans sa
main droite, tandis que la gauche tient un fouet.
Ce tableau d'un beau caractere, est très-bien peint.
Hauteur 13 pouces 4 lignes, largeur 10 pouces
6 lignes. T.

CARLO CIGNANI.

19 Un groupe d'enfans, composition de cinq figures,
l'un d'eux vu de face, monté sur un tonneau,
ayant les yeux bandés, paroît être l'Amour ; il est
dans la douleur ; des petits satyres qui l'environnent éteignent son flambeau & brisent ses fleches.
Ce tableau très-bien peint, est d'une belle couleur. Hauteur 12 pouces 3 lignes, largeur 15
pouces 6 lignes. T.

LUCAS GIORDANO.

20 Un tableau représentant l'Annonciation. On voit
dans le haut le Saint-Esprit dans une gloire, environnée de chérubins. Hauteur 30 pouces, largeur
24 pouces. T.

CARLE MARATTE.

21 Deux tableaux faisant pendans ; l'un représente la
Vierge, l'autre est l'ange qui la visite ; il tient un
lys dans sa main. Hauteur 5 pouces 6 lignes, largeur 4 pouces. C.

DE L'ÉCOLE DE CARLE MARATTE.

22 L'Enfant Jésus endormi dans son berceau, peint
sur carton. 7 pouces & demi de diametre.

JACQUES BASAN.

23 Le repos de la Sainte-Famille, compoſition de trois figures ſur le devant d'un payſage. Hauteur 18 pouces, largeur 24 pouces. T.

SÉBASTIEN RICCI.

24 Une eſquiſſe repréſentant la Cêne. Cette riche compoſition eſt d'une bonne couleur, & tient de la manière de Paul Véronèze. Hauteur 13 pouces, largeur 10. T.

PIAZZETTA.

25 Deux têtes faiſant pendans, dont un jeune homme coëffé en cheveux, tenant une pomme ; l'autre repréſente une vieille femme coëffée & ajuſtée d'une draperie, elle eſt vue de face ayant la main ſur l'appui d'une croiſée. Ces deux tableaux vigou‑reux & pleins d'effet, ſont du bon temps de ce maître, dont les ouvrages ſont rares en France. Hauteur 18 pouces, largeur 15 pouces. T.

PAR LE MÊME.

26 Deux têtes faiſant pendans, dont une jeune femme tenant un pot, & l'autre un jeune homme coëffé d'un bonnet, montrant une médaille qui pend à une chaîne paſſée à ſon col. Hauteur 16 pouces, largeur 13 pouces. T.

PAR LE MÊME.

27 Deux tableaux faiſant pendans ; l'un repréſente une femme vue à mi-corps & de profil, la poi-

trine découverte, & ornée d'un colier de perles ; elle eſt vêtue d'un juſte brun, & tient un maſque dans la main droite ; près d'elle ſa ſuivante, plus agée, eſt vue de trois quarts ; l'autre eſt un homme âgé vu de face, il montre de la main droite une médaille d'or, attachée à une chaîne de même métal qu'il porte en ſautoir. Ces tableaux ſont de mérite égale aux précédens. Haut. 18 pouces, largeur 14 pouces 6 lignes.

S O L I M E N E.

28 Deux tableaux faiſant pendans ; l'un eſt la Sainte Vierge vue à mi-corps, tenant dans ſes bras l'Enfant Jéſus endormi ; l'autre eſt Sainte-Agnès ayant un agneau ſur ſes genoux. Hauteur 3 pouces 10 lignes, largeur 3 pouces 2 lignes, ovale. C.

ÉCOLES FLAMANDE,

HOLLANDOISE ET ALLEMANDE.

P. N É E F S

29 Deux Tableaux faiſant pendans ; l'un repréſente l'intérieur d'une Egliſe de Flandres, éclairé par des lampes ; ſur la droite on voit un drapeau, & pluſieurs armures appuyées contre les murs. Hauteur 6 pouces, largeur 8 pouces 2 lignes. C.

30 La

PAR LE MÊME.

30 La vue de l'intérieur d'une Eglife de Flandres, éclairée de jour, & ornée de petites figures, par Breughels de Velours. Ce fin & précieux tableau, vient de la collection de François Boucher, il eft encadré dans une bordure de cuivre doré, enveloppée d'un cadre de bois auffi doré. Hauteur 1 pouces 5 lignes, largeur 2 pouces 5 lignes.

BREUGHELS DE VELOURS.

31 Un grand Chemin dans un bois au bord d'une riviere; on y compte fur le devant cinq Cavaliers, dont le plus éloigné eft defcendu de cheval, un pauvre s'avance vers eux pour leur demander l'aumône; fur une hauteur on voit encore trois mulets & leurs conducteurs; le lointain eft formé par la riviere, on diftingue fur le rivage quelques figures & animaux. Hauteur 9 pouces, largeur 12 pouces 6 lignes.

CORNEILLE POELEMBOURG.

32 La Magdelaine pénitente, vifitée par les Anges dans le défert, elle eft vue fur le premier plan dans une voûte formeé de rochers; le fond offre encore des maffes de rocs furmontés d'arbriffeaux, & de plantes. Ce tableau peint avec fermeté, eft de la maniere d'Italie de ce maître. Hauteur 15 pouces, largeur 20 pouces. B.

PAR LE MÊME.

33 Deux Payfages faifant pendans. Dans une grotte

on voit sur le premier plan trois femmes nues, qui se disposent au bain ; le paysage est très-ouvert & d'une composition riche.

Dans l'autre un troupeau de Vaches est en repos, auprès d'une ruine, & sur la gauche deux pâtres sont assis à terre. Ces deux tableaux sont d'une qualité, & d'une conservation parfaite. Hauteur 5 pouces 4 lignes, largeur 7 pouces 4 lignes. B.

GONZALES COQUES.

34 L'intérieur d'une chambre dans laquelle on voit près d'une table couverte d'un tapis, un homme debout vêtu de noir, ayant un manteau, il porte une épée, dont le ceinturon d'or est passé sur l'épaule droite, qui soutient encore une écharpe bleue, attachée d'une agraffe de pierreries. Ce tableau très-harmonieux & bien peint, est du bon faire de ce maître. Hauteur 17 pouces 3 lignes, largeur 11 pouces. B.

C. POELEMBOURG.

35 Un Paysage. On voit sur le devant une femme nue, assise au bord d'une riviere, deux autres sont déja dans l'eau, la riviere est traversée d'un pont d'une seule arche, sur lequel on voit trois figures, il aboutit à une masse de bâtimens élevés, qui commandent la gauche du tableau, qui est éclairé au soleil couchant. Hauteur 6 pouces 4 lignes, largeur 5 pouces. B.

DAVID TENIERS.

36 Une composition de trois figures, vues jusqu'aux
genoux ; sur le devant un jeune homme vu de
profil, vêtu d'un juste gris de lin, avec des manches aurore découpées à l'Espagnole, la tête coëffée
d'un chapeau orné d'une plume attachée par un
lacet d'or, tient dans la main gauche une écaille
de moule pleine d'eau de savon, dont il fait des
bouteilles, on en voit une attachée à un chalumeau de paille, qui est dans sa main droite, &
qu'un jeune garçon cherche à retenir dans son
chapeau ; derriere lui un plus jeune coëffé d'un
chapeau noir, souffle des charbons allumés dans un
vase de métal, une draperie relevée par un gland,
est attachée contre le mur. Ce tableau de la
plus grand harmonie, est du bon faire de ce
maître. Hauteur 11 pouces, largeur 9 pouces. B.

PAR LE MÊME.

37 La Tentation de Saint Antoine ; on le voit assis
au milieu de sa grotte tenant un livre de priéres,
il est entouré de monstres de l'invention la plus
bizarre, dont le plus remarquable est debout
auprès de lui les mains jointes ; à sa droite un
autre lui présente un verre de vin ; sur le devant
& dans la demi-teinte, un troisieme assis tient
dans ses mains un ballet surmonté d'un flambeau allumé : une tête de mort, une cruche &
des livres sons les accessoires de ce tableau, qui

eſt rendu avec toute la fineſſe & l'eſprit que l'on remarque dans les meilleurs ouvrages de ce maître. Hauteur 7 pouces 9 lignes, largeur 5 pouces 10 lignes. C.

DAVID TENIERS.

38. Les Nouvelliſtes; deux Tableaux pouvant faire pendans : l'un eſt une compoſition de trois figures vues à mi-corps, le plus âgé eſt aſſis ſur le devant appuyé ſur une table, l'un des deux autres qui ſont debout, lit la gazette; l'autre n'offre que deux figures vues juſqu'aux genoux, l'une deſquelles eſt un vieillard aſſis auprès d'une table ſur laquelle on voit un pot, il lit la gazette, tandis qu'un plus jeune, dans la demi-teinte, regarde ſur le papier. Ces deux Tableaux ſont encore deſ précieux de ce Maître. Hauteur 6 pouces 3 lignes, largeur 4 pouces 10 lignes.

PAR LE MÊME.

39 L'Intérieur de la Maiſon d'un Garde-Chaſſe : on y voit trois figures; le Garde eſt debout au milieu appuyé de la main droite ſur ſon fuſil, il paroît indiquer un chemin à un vieillard que l'on voit près de lui chapeau bas, & derriere lequel un homme tient en laiſſe deux levriers; l'on voit à terre différens acceſſoires de ménage, deux canards étendus morts, & deux chiens de chaſſe couchés auprès; un lievre eſt accroché à droite au volet de la fenêtre; la porte qui eſt ouverte

laiffe voir la campagne. Ce Tableau eft du bon
tems de ce Maître. Hauteur 11 pouces 4 lignes,
largeur 9 pouces 6 lignes. B.

PAR LE MÊME.

40 Le Portrait de Craësbeke ; il eft vêtu d'un fur-
tout brun, & a la tête coëffée d'un chapeau orné
de plumes. Hauteur 4 pouces 9 lignes, largeur 3
pouces 8 lignes. C.

PAR LE MÊME.

41 Un Payfage, fur le devant duquel on voit deux
payfans converfant enfemble ; le fond offre la vue
d'un ancien château fitué au haut d'une colline.
Ce tableau eft d'une touche fpirituelle & facile.
Hauteur 3 pouces 3 lignes, largeur 4 pouces 10
lignes. B.

RYMBRANTS VAN RYN.

42 Une Tête d'Homme vue de profil & en bufte,
portant barbe, coëffée d'un turban blanc. Ce Tableau, d'une couleur chaude & harmonieufe, eft
fait librement. Haut. 8 pouc., larg. 6 pouc. B.

PAR LE MÊME.

43 Une Tête d'Homme coëffée de cheveux châtains,
retombant fur les épaules ; la figure eft d'une belle
expreffion. Hauteur 11 pouces 3 lignes, largeur
9 pouc.

PAR LE MÊME.

44 Une Tête de Vieillard portant barbe blanche,

d'un beau caractere & d'un grand effet. Hauteur
8 pouces 6 lignes, largeur 7 pouces 3 lignes. B.

PAR LE MÊME.

45 Une Tête de Vieillard d'un beau caractere & d'une
grande vérité de couleur. Hauteur 5 pouces 8 lig.
largeur 4 pouces 8 lignes. B.

DE L'ÉCOLE DE RYMBRANTS.

46 L'Intérieur d'une Chambre dans laquelle on voit
une Nourrice, tenant un livre & occupée à regarder son enfant endormi dans un berceau. Ce
Tableau vigoureux est spirituellement fait. Hauteur 15 pouces, largeur 20 pouces. T.

GERARD DOUW.

47 Un jeune Militaire vu de profil : il est habillé
de noir portant un hauffecol, la tête est coëffée
d'un bonnet noir orné de plumes. Ce Tableau a
toute la finesse des meilleurs ouvrages de ce Maître.
Ovale, hauteur 5 pouces 3 lignes, largeur 3 pouces 10 lignes. B.

PAR LE MÊME.

48 Un jeune Homme assis vu à mi-corps, qui
cherche les puces d'un chien endormi sur ses
genoux ; il est vêtu d'une veste brune, un tablier
de cuir est attaché au bouton de sa veste. Ce
Tableau est d'une grande vérité de couleur &
d'exécution. Hauteur 6 pouces, largeur 4 pouces
9 lignes, ovale. B.

JEAN LIEVENS.

49 L'Intérieur d'une Chambre dans laquelle on voit auprès du feu un homme endormi dans un fauteuil, le coups penché fur le bras gauche ; il eft vêtu d'un manteau brun-rouge, par-deſſus un habit de la même couleur, la tête couverte d'un bonnet violet poſée fur la main gauche ; & la droite eſt à demi-cachée dans fa veſte. Ce Tableau très-harmonieux a toutes les beautés de ceux du bon tems de **Rymbrants.** Hauteur 18 pouces 6 lignes, largeur 15 pouces.

VAN TOLL.

50 Deux figures vues à mi-corps fur l'appui d'une fenêtre ; fur le devant une femme vêtue d'un juſte brun-rougeâtre, écoute attentivement un homme qui femble lui parler, & qui eſt derriere elle ; près d'eux on voit fur une table un pot d'étain & un verre. Ce Tableau eſt peint avec vérité. Haut. 9 pouc., larg. 7 pouc. 6 lig. **B.**

PAR LE MÊME.

51 L'Intérieur d'une Chambre, dans laquelle on voit un Vieillard portant barbe blanche, affis auprès d'une femme qui lit une lettre. Ce Tableau eſt harmonieux. Hauteur 10 pouces 10 lignes, largeur 9 pouces 6 lignes. **B.**

J. RUISDAAL.

52 Un Payfage. La vue d'une Chaumiere fur le haut d'une monticule dont le pied eſt baigné par une

petite riviere ; on diftingue près d'un grouppe
d'arbres un homme & une femme, on voit encore
dans l'éloignement quelques figures fur différens
plans. Hauteur 11 pouces 4 lignes, largeur 9
pouces 9 lignes.

J. RUISDAAL.

53 L'Hiver. La Vue d'un Canal gêlé, fur le bord
duquel on voit des fabriques & des arbres cou-
verts de neige, fur le devant trois figures le tra-
verfent ; on voit dans le lointain quelques maifons,
des figures & des mats de chaloupe, le ciel eft
très-fombre. Hauteur 9 pouces 9 lignes, largeur
11 pouces 6 lignes. B.

VAN UDEN.

54 L'Intérieur d'une Forêt traverfée par une petite
Riviere. Ce joli Tableau eft rendu avec grande
vérité & d'un beau fini. Haut. 7 pouces 6 lignes,
largeur 4 pouces 6 lignes. C.

P. DE LAAR dit BAMBOCHE.

55 L'Intérieur d'une Cour : on voit dans le fond
à gauche un Mulet attaché, auquel un petit
garçon apporte à manger, à droite un homme qui
paroit le muletier, eft occupé à prendre de l'eau
dans une pierre quarrée. Ce Tableau, peu éclairé,
eft précieufement rendu. Haut. 2 pouces 2 lignes,
largeur 3 pouces. C.

J. WINANTS.

56 Un Payfage, dont la droite préfente une maffe

d'arbres près d'un chemin, dans lequel on voit un homme conduisant une vache, & converfant avec une femme qui porte un enfant ; elle eft montée fur un âne & précédée d'un chien ; la gauche eft ornée de maffes d'arbres & de montagnes, plufieurs figures font diftribuées fur les premiers plans, la campagne eft traverfée d'une riviere qui, après beaucoup de détours, va fe perdre dans le lointain. Hauteur 25 pouces, largeur 22 pouces.

PAR LE MÊME.

57 La vue d'un grand chemin qui traverfe une petite plaine & conduit dans un bois, à l'entrée duquel on voit plufieurs chaumieres ; fur le premier plan une femme, accompagnée d'un petit garçon, fuivie d'un chien, porte fur fa tête un panier, un autre eft paffé dans fon bras gauche. Dans la plaine qui eft ornée de grands arbres ifolés, on diftingue un homme affis, & plus loin un cavalier accompagné d'un homme à pied & de deux lévriers ; la droite eft occupée par une riviere qu'un homme traverfe dans un bateau, on voit encore fur le rivage deux pêcheurs à la ligne ; le lointain, orné de fabriques & d'arbres, eft terminé par des montagnes. Haut. 12 pouces 6 lignes, largeur 15 pouces. B.

P. WOUWERMANS.

58 Un fouterrein, dans lequel on voit un homme defcendu de cheval, on apperçoit dans le lointain un

voyageur à pied qui fe détache fnr un fond clair.
C'eft un des jolis tableaux de cet habile maître. Hauteur 4 pouces 9 lignes, larg. 6 pouces 10 lignes. B.

E. ESSELENS.

59 Un tableau repréféntant différens groupes de figures en marche & d'autres en repos près des dunes
de Sckeweling, dont la droite eft occupée par une
voiture de mareilleur & d'autres marchands de
poiffons ; les fonds offrent les approches d'un port
& une vue de mer ornée de quelques chaloupes.
Ce tableau tient de la belle maniere de Bamboche,
& de fon meilleur faire. Hauteur 24 pouces, largeur 30 pouces. B.

GABRIEL METZU.

60 Le portrait d'un homme vêtu d'une grande robe
noire, & portant la main droite fur fa poitrine; la
tête eft d'un beau caractere. Ce tableau eft du bon
faire de ce maître. Hauteur 7 pouces 6 lignes, largeur 6 pouces 3 lignes. B.

PAR LE MÊME.

61 Un homme le front chauve, vu à mi-corps &
couvert d'un manteau ; il eft occupé à lire une
lettre. Ce tableau d'une touche facile & moëlleufe,
eft d'un mérite diftingué. Hauteur 9 pouces, largeur 7 pouces. T. collée f. B.

GODEFROY SCHALCKEN.

62 Diane vue à mi-corps & par le dos, la tête de

trois quarts tournée ſur l'épaule gauche; elle eſt vêtue d'une chemiſe paſſée ſur l'épaule droite, qui laiſſe à découvert tout le corps juſqu'au bas des reins; une draperie rouge & flottante couvre le reſte du corps; de la main droite la déeſſe tire une fleche d'un riche carquois qu'elle porte ſous le bras gauche, elle eſt dans un bois éclairé par un grand ſoleil, dont les rayons qui percent au travers des arbres frappent vivement ſur les extrémités de la figure, & laiſſent tout le reſte éclairé d'une demi-teinte douce & de reflets ménagés avec toute l'intelligence que la réalité ſeule paroît capable d'offrir. Ce tableau qui eſt de la plus grande fineſſe, eſt du beau faire de cet habile maître. Hauteur 15 pouces 6 lignes, largeur 12 pouces 6 lignes.

A D R I E N V A N O S T A D E.

63 Un homme vu à mi-corps, liſant une lettre, la tête eſt couverte d'une calotte brune, ſon habillement eſt un ſurtout de la même couleur. Ce tableau eſt du bon faire de ce maître. Hauteur 5 pouces 9 lignes, largeur 4 pouces 9 lignes. B.

J. S T É E N.

64 Un homme vu en pied, vêtu d'un habillement brun-rouge; il eſt aſſis ſur un tabouret auprès d'une table, ſur laquelle eſt un pot; de la main droite il tient une pipe qu'il vient d'ôter de ſa bouche, dont il ſort une bouffée de fumée; la tête porte un caractere de ſatisfaction de la plus grande vérité. Ce

tableau réunit dans toutes ſes parties toute la fineſſe & l'intelligence de couleur qui font un chef-d'œuvre. Hauteur 9 pouces, largeur 7 pouces 6 lignes. **B.**

BONAVENTURE PETERS.

65 Deux marines; l'une eſt un calme, on y voit en mer quelques chaloupes ornées de figures; l'autre repréſente une tempête, on découvre un vaiſſeau briſé contre un rocher. Hauteur 8 pouces, largeur 6 pouces. **B.**

VAN-HŒCK.

66 Une Sainte famille. La Sainte Vierge eſt aſſiſe, l'Enfant Jéſus ſur ſes genoux; à droite on voit Sainte Éliſabeth & le petit Saint Jean; derriere la Vierge, & dans la demi-teinte on apperçoit Saint Joſeph. Ce tableau d'une couleur vigoureuſe, eſt d'un effet agréable. Haut. 8 pouces, larg. 6 p. **B.**

ADAM PYNAKERT.

67 L'intérieur d'une forêt, traverſée de pluſieurs chemins où percent des rayons de ſoleil, deux figures ſur différens plans ornent ce tableau qui eſt du bon faire de ce maître. Hauteur 5 pouces 2 lign. largeur 7 pouces. **C.**

W. WANDEVELDE.

68 Une tempête; ſur le devant on voit un vaiſſeau qui ſe briſe contre un rocher; ſur lequel les matelots ſe réfugient, la mer eſt couverte de débris; à gauche, ſur un plan éloigné, on voit encore un vaiſſeau. Haut. 5 p. 4 lign. larg. 7 p. 6 lign. **C.**

JEAN MIEL.

69 Une danse villageoise ; composition de treize figures ; sur le devant à gauche, auprès d'une au-
berge, à la porte de laquelle on voit une femme,
un jeune villageois & une jeune fille dansent au son
d'une mandoline, le joueur, appuyé sur un tonneau, est environné de spectateurs, dont le plus
remarquable est un vieillard appuyé sur une faulx ;
derriere est un homme à cheval, vêtu d'un manteau rouge, & la tête couverte d'un chapeau
de plumes ; on voit dans le lointain deux voyageurs
qui traversent une petite riviere. Ce tableau d'une
couleur chaude & harmonieuse, est un des meilleurs de ce maître. Haut. 19 p., larg. 23 p. T.

HERMAND SWANEVELT.

70 Un Paysage ; sur le devant on voit Mydas qui
change en or tout ce qu'il touche. Il est habillé d'une
robe bleue & d'une draperie rouge ; la tête portant
une grande barbe blanche, est coëffée d'une couronne d'or entre ses deux oreilles d'âne ; près de
lui quatre figures sont dans l'étonnement ; plus
loin on en voit deux autres auprès d'une grosse
pierre qui est déjà d'or ; dans l'éloignement on distingue encore quelques figures sur différens plans.
Ovale. Hauteur 13 pouces 8 lignes, larg. 10 p.
6 lignes. B.

GOUBEAU.

71 Un paysage, au milieu duquel s'éleve une grande

ruine d'Amphithéâtre , quatre Soldats affis à terre jouent aux cartes, un cinquieme debout les regarde; à droite on voit fur le premier plan, un militaire endormi à terre, la tête appuyée fur les genoux d'une vieille femme, vêtue d'un jufte bleu & d'une jupe rouge, fa tête eft coëffée d'un linge blanc qui lui retombe au bas des reins : on diftingue encore deux foldats fur un plan éloigné. Haut. 13 pouces 6 lig., largeur 21 pouces 3 lignes. B.

BREKELEN-KAMP.

72 Une marchande de marée fur l'appui de fa boutique, dans laquelle on voit des poiffons. Elle paroît en offrir à un paffant : elle eft coïffée d'une toque brune & habillée d'un jufte rouge. Haut. 9 pouc., largeur 7 pouces. B.

A. F. VANDERMEULEN.

73 La vue d'un grand chemin fur lequel on voit paffer au pied d'une monticule couverte d'arbres , un corps de Troupes, Cavaliers & Fantaffins, une voiture de bagages les fuit ; on voit encore dans le lointain fur différens plans, des voitures, des Cavaliers & d'autres figures à pied ; le payfage eft très-ouvert , & borné par des montagnes qui fe détachent fur un ciel très-chaud , dont les devans font clairs & brillans, c'eft une des jolies compofitions de ce maître. Hauteur 5 pouces 5 lignes, largeur 6 pouces 4 lignes.

V a n d e r M é e r.

74 Deux Payſages à la pierre noire relevée de
blanc, repréſentant des Ports de mer ornés de
figures & de chaloupes ; compoſitions riches à
l'effet de nuit & clair de lune. Ces deux deſſins
capitaux portent de hauteur 13 pouces, largeur
18 pouces.

P a r l e m ê m e.

75 Un Payſage, ſur le devant duquel paſſe une
Caravane. Ce tableau eſt d'un joli effet, & d'une
touche fine & ſpirituelle. Hauteur 5 pouces 4
lignes, largeur 3 pouces 10 lignes.

G r y e f.

76 Deux Tableaux faiſans pendans ; ils repréſen-
tent chacun le repos d'un chaſſeur accompagné
de deux chiens , beaucoup de gibier eſt étendu
à terre auprès d'eux ; le fond eſt un payſage.
Ces deux jolis tableaux ſont d'une touche facile , & d'une bonne couleur. 5 pouces 9 lignes
quarré. B.

A. M o o r.

77 Une compoſition de ſix figures d'hommes & de
femmes dans l'intérieur d'un appartement, ils ſont
occupés à jouer de pluſieurs inſtrumens. Ce tableau agréable, & d'un faire facile, eſt un des
plus fins de ce maître. Hauteur 33 pouces, largeur 28 pouces. T.

BAUT & BODEWYNS.

77 *Bis.* Un Payfage très-étendu ; le devant eft occupé par un grand chemin commandé par une monticule, d'où s'éleve un grand arbre ; on voit dans le chemin trois muletiers & leurs mulets ; près d'eux une femme & deux hommes converfant enfemble, ils font accompagnés d'un petit garçon ; à gauche un terrein élevé orné de quelques beftiaux & de figures, conduit à des fabriques environnées de jeunes arbres, un lointain clair orné de figures, termine ce tableau qui eft d'un très-bon faire. Hauteur 15 pouces 9 lignes, largeur 12 pouces. **B.**

VAN FALENS.

78 Deux Tableaux faifant pendans ; le premier repréfente deux chaffeurs, l'un defquels à pied tient en leffe un chien, l'autre monté fur un cheval gris pommelé, tient un faucon fur le poing : le fecond tableau offre un jeune payfan monté fur un cheval blanc, auprès duquel paffe une jeune payfanne portant fur fa tête un panier de légumes, les fonds font des payfages clairs. Hauteur 9 pouces, largeur 6 pouces 9 lignes. **C.**

BISCAYE.

79 L'Intérieur d'une Chambre dans laquelle on voit fur le devant auprès d'une fenêtre une femme affife tenant un papier de fa main gauche, elle eft vêtue d'un jufte rouge, & d'une

juppe

juppe noire, la tête coëffée d'un linge, un chat eſt couché à ſes pieds ; dans un renfoncement à droite on diſtingue un lit dans une alcove ; un fauteuil & une guitarre accrochée au mur. Hauteur 11 pouces, largeur 9 pouces 6 lignes. B.

PAR LE MÊME.

80 Un Philoſophe portant une barbe blanche, la tête eſt coëffée d'une toque noire, il eſt vêtu d'une robe de même couleur garnie de fourrure, & porte ſur ſa poitrine une médaille d'or ; on voit auprès de lui dans une niche une ſabliere, & une écritoire. Ce tableau dans le genre de Teniers, eſt d'un fini précieux. Hauteur 5 pouces 9 lignes, largeur 3 pouces 6 lignes. B.

E. DIETRICCI.

81 Un beau Payſage dans le ſtyle de Salvator Roza, repréſentant des maſſes de roches, ſur l'une deſquelles, ſurmontée d'un groupe de grands arbres, on voit deux ſoldats armés de caſques & de cuiraſſes, & au bas dans un grand chemin qui traverſe, l'on voit un homme aſſis.

Ce tableau d'une couleur fraiche, brillante & harmonieuſe, eſt un des plus beaux, & des meilleurs ouvrages de cet habile peintre. Hauteur 28 pouces, largeur 23 pouces. T.

PAR LE MÊME.

82 Un Payſage dans le genre de Salvator Roſa ; c'eſt une maſſe de rochers d'où s'élevent pluſieurs

C

troncs d'arbres. Ce tableau largement fait, eft d'un ton chaud. Hauteur 10 pouces 6 lignes, largeur 12 pouces 4 lignes. B.

PAR LE MEME.

83 Le Portrait d'un homme vu à mi-corps, dans la maniere de Rymbrants, il eft habillé d'un manteau verd foncé, qui ne laiffe voir que la main droite pofée fur fes genoux, fa robe de deffous eft ornée fur la poitrine d'une plaque d'or, & de pierreries, elle eft liée d'une ceinture rouge garnie de poignards, la tête vue de face, & coëffée d'un chapeau rouge à bords repliés & découpés. Hauteur 11 pouces 8 lignes, largeur 9 pouces 6 lignes. T.

J. G. WAGENER.

84 Un Payfage d'un fite montagneux; la droite eft commandée par une montagne au haut de laquelle on apperçoit des fabriques; la gauche offre un troupeau de vaches & de moutons, conduit par un pâtre; le fond eft un lointain très-clair. Hauteur 8 pouces 6 lignes, largeur 10 pouces 6 lignes.

LOUTHERBOURG.

84 *Bis.* L'Annonciation aux Bergers; compofition de cinq figures que l'on voit à gauche fur le premier plan; la principale vêtue d'une draperie rouge eft debout les mains jointes, les yeux levés au ciel; deux autres faifies de frayeur, font group-

pées à fes pieds, l'une à genoux, l'autre profternée à
terre; près d'elles on voit affis un vieillard portant
barbe blanche, & une femme appuyée fur une
geniffe couchée; à droite des moutons dans un
parc font en défordre. Ce tableau eft éclairé d'une
gloire, qui annonce l'arrivée des Anges. Il réunit au mérite d'être du bon tems de ce maître,
une harmonie parfaite & un effet très-piquant.
Hauteur 14 pouc. 6 lignes, larg. 20 pouc. T.

U R L A U B.

85 Deux Têtes de militaires faifant pendants, l'une
defquelles eft celle d'un vieillard portant barbe
blanche. Ces deux tableaux font peints avec vérité.
Haut. 4 pouc. 6 lig., larg. 3 pouc. 10 lignes. B.

ÉCOLE FRANÇOISE.

L E N A I N.

86 Les quatre Evangéliftes placés fur différents plans
d'un periftile. Un Ange derriere Saint Jean paroît lui
annoncer la venue du Saint Efprit, que l'on voit
dans une gloire. Ce tableau d'un ftile noble & hifto-
rique, eft hors de la maniere commune mais vraie,
que ce peintre avoit adoptée. Hauteur 16 pouces
8 lignes, largeur 22 pouces. T.

C ij

JACQUES COURTOIS.

87 Deux petits Payſages ornés de figures, dans l'un deſquels on voit ſur le devant, une ſuite en Egypte; ces jolis tableaux ovales en travers, portent de Hauteur 2 pouces 6 lignes, largeur 2 pouces 10 lignes. C.

POUSSIN.

88 Un Jeu d'Enfants, compoſition de cinq figures, ſur le devant d'un payſage. Ce tableau clair & d'une bonne couleur, eſt du bon faire de ce maître. Hauteur 28 pouces, largeur 22 pouces. T.

LE SUEUR

La Sainte Famille; compoſition de cinq figures vues à mi-corps. La Sainte Vierge eſt aſſiſe ſur le devant, habillée d'une robe rouge & d'une draperie bleue, elle tient ſur ſes genoux l'Enfant Jeſus, qui tend les bras vers une colombe qui s'envole; le petit Saint Jean dans les bras de Sainte Éliſabeth eſt dans la même attitude, Saint Joſeph vêtu d'une draperie orange, eſt appuyé ſur un livre, debout derriere la Vierge. Ce tableau d'une exécution précieuſe & d'une couleur harmonieuſe a toute la nobleſſe des belles compoſitions de le Sueur. Hauteur 11 pouces 3 lignes, largeur 15 pouces. T.

SÉBASTIEN BOURDON.

90 Une Bambochade, compoſition de ſept figures; c'eſt une halte de Soldats; on diſtingue auprès

d'eux une femme affife peignant un enfant qu'elle
tient entre fes jambes. Hauteur 7 pouces, largeur
8 pouces 9 lignes. B.

D U M O U T I E R   E T   A U T R E S.

91 Deux Portraits, l'un defquels eft celui de Daniel
Dumoutier, peint par lui-même. Hauteur 5 pouc.
9 lignes, largeur 4 pouces 9 lignes. C. & B.

C A L L O T.

92 L'Intérieur d'une Grotte : compofition de treize
figures ; on y voit la Sainte Vierge mourante ; elle
eft couchée fur un lit, environnée des Saintes
Femmes & des Apôtres ; le plus remarquable la
foutient dans fes bras & recueille fes dernieres pa-
roles, la lumiere vient d'une gloire. Haut. 2 pouc.
9 lig. larg. 23 lignes ; *pierre de touche.*

G I L L O T.

93 Un Payfage : on voit fur le devant un jeune
Homme & une jeune Dame affife & converfant
enfemble. 6 pouc. 9 lig. de diamêtre ; collé fur
bois.

W A T T E A U.

94 L'Intérieur d'un Jardin, où l'on voit par le dos
un jeune Homme un genou en terre aux pieds
d'une jeune Fille, près d'eux quatre enfans font
grouppés en différentes attitudes. Haut. 7 pouc. 7 l.
larg. 5 pouc. 10 lig. C.

J. B. G R I M O U X.

95 Le Bufte d'une jeune Fille vue de trois quarts,

coëffée en cheveux & habillée à l'Efpagnole. Cette Efquiffe, fpirituellement faite, eft au premier coup. Hauteur 24 pouces, largeur 18 pouces.

H. LANCRET.

96 Deux Payfages; dans l'un on voit un jeune Homme affis à terre, jouant de la flûte pour apprendre à chanter à un oifeau qu'une jeune fille tient dans une cage; l'autre offre une femme couronnée de fleurs par un homme, auprès d'un bofquet. Haut. 10 pouc. 6 lig. larg. 14 pouc. C.

SUBLEYRAS.

97 La Magdelaine à genoux au pied de la Croix; elle eft vue de profil, les mains jointes, la tête a le caractere de la douleur. Cette Efquiffe, fpirituellement faite, eft d'une bonne couleur. Hauteur 24 pouces, largeur 18. T.

PAR LE MÊME.

98 Un Religieux en priere : il eft à genoux vu de profil, la tête eft coëffée d'une calotte brune; fon habillement eft une robe blanche couverte d'une dalmatique brune. Ce Tableau eft bien peint. Hauteur 14 pouces 6 lignes, largeur 11 pouces 6. B.

F. BOUCHER.

99 L'Attelier d'un jeune Peintre, où il eft vu de profil affis fur une efcabelle devant fon chevalet, fur lequel on voit un Payfage; la figure eft réfléchie & paroît attentive à copier le fujet de fon Ta-

bleau , différens acceſſoires ſont répandus çà & là.
Ce Tableau , de la plus grande vérité , joint à
une compoſition ſpirituelle, une très-belle couleur.
Hauteur 15 pouces 9 lignes , largeur 8 pouces. B.

BRIARD.

100 Vénus & l'Amour, dans les nues ; la Déeſſe eſt
nue aſſiſe , tenant la pomme d'or de la main
gauche , le bras droit eſt appuyé ſur une draperie
rouge , au-deſſus de laquelle paroît une colombe
les ailes déployées : on voit à terre des roſes, &
un vaſe d'or. Haut. 14 pouces 6 lig. larg. 11 pouc.
4 lignes. T.

F. HUTINS.

101 Deux Tableaux faiſant pendans ; l'un eſt une
jeune Cuiſiniere comptant ſa dépenſe par ſes doigts,
dans un intérieur de cuiſine où l'on voit différens
acceſſoires & des légumes ; l'autre repréſente un
Vieillard aſſis dans l'intérieur d'une chambre ruſ-
tique. Ces deux Tableaux, d'un mérite diſtingué,
ſont du bon faire de ce Maître. Hauteur 24 pouc.
largeur 18. T.

L'ÉPICIÉ.

102 Une Tête de jeune Garçon vu preſque de face,
la tête eſt coëffée d'un bonnet gris. Ce petit
Tableau eſt d'une touche facile. Hauteur 6 pouc.
largeur 5 pouces 3 lignes. B.

LAGRÉNÉE LE JEUNE.

103 Deux Tableaux faifant pendans ; l'un repréfente l'Évangélifte Saint-Jean affis dans une campagne au pied d'un arbre ; il eft vêtu d'une robe verte & d'une draperie rouge ; un livre eft ouvert fur fes genoux ; un Ange porté fur un nuage, lui montrant le Ciel, femble lui parler de la part de Dieu. L'autre eft la Tentation de Saint Antoine ; le Démon fous la forme d'une belle femme, vient détourner le Saint de fes méditations ; on le voit à genoux vêtu d'une robe brune & tenant un grand livre ; fa tête portant une barbe blanche, eft de la plus grande expreffion, elle eft de trois quarts vers la femme. Ces deux Tableaux joignent à une compofition noble & favante, une très-belle exécution. Hauteur 16 pouces 6 lignes, largeur 12 pouces. 6. B.

PAR LE MÊME.

104 Une Tête de Femme vue de profil ; elle eft coëffée d'un turban jaune foncé, & vêtue d'une draperie rouge. Hauteur 3 pouces 6 lignes, largeur 3 pouces. B.

PAR LE MÊME.

105 Pfyché abandonnée par l'Amour, peint fur ardoife. On connoît tout l'efprit des compofitions de ce Maître. Hauteur 2 pouces 10 lignes, largeur 4 pouces 6.

DURAMEAU.

106 Une Payſanne aſſiſe, tenant un enfant endormi ſur ſes genoux; Eſquiſſe. Hauteur 14 pouces 3 lignes, largeur 11 pouces 6. T.

ROBERT.

107 La vue de pluſieurs Ruines d'Architecture; ſur le premier plan près d'une fontaine ſurmontée d'une ſtatue de bronze, quatre femmes ſont occupées les unes à laver, d'autres à remplir des vaſes; quelques bas-reliefs & des débris de colonnes ſont à terre au bas d'un mur de terraſſe, orné d'une inſcription & d'une ſtatue de Sphinx mutilée, élevée ſur un piédeſtal; la gauche offre ſur un terrein élevé les reſtes d'un grand monu-ment; des portiques formant des échappées de vue dans la campagne, & près deſquelles on diſ-tingue un homme monté ſur un cheval blanc, terminent ce Tableau, qui eſt d'une touche libre & ſpirituelle; un ciel pur & légérement nuagé éclaire cette jolie compoſition, qui eſt encore ornée dans l'éloignement de petites figures. Ovale en travers, hauteur 19 pouces 6 lignes, largeur 23 pouces 3 lignes.

PAR LE MEME.

108 Une jeune payſanne aſſiſe, la tête coëffée de linges qui cachent tout le haut de la figure juſ-qu'au-deſſous des yeux. Elle eſt vêtue d'un corſet ouvert & d'une juppe rouſsâtre; on voit à terre une

cruche & une terrine pleines d'eau, près d'un panier de linge; ce tableau est peint avec esprit. Ovale. Haut. 14 p. larg. 11 p. T.

DIFFÉRENS MAITRES.

109 Vingt tableaux par différens maîtres Italiens, Corneille Poelembourg, Téniers, & autres, qui seront divisés dans le cours des vacations.

DESSINS MONTÉS

DE L'ÉCOLE D'ITALIE.

RAPHAEL D'URBINO.

110 Un Dessin fait à la plume, représentant la sépulture de Jésus-Christ; composition de sept figures. Ce dessin d'une plume fine, de la composition la plus noble, est très-précieux par la rareté des ouvrages de ce genre de ce grand maître. Hauteur 9 pouces 6 lignes, largeur 10 pouces 6 lignes.

DOMINICAIN.

111 Un sujet allégorique; composition de trois figures d'un beau style & pleine d'expression. Dessin fait à la plume & lavé au bistre sur papier blanc. Hauteur 10 pouces, largeur 13 pouces.

GUIDO RENI.

112 L'Annonciation à la Vierge. Composition de quatre figures. Ce deffin fait aux crayons noir & blanc, d'une composition noble & très-gracieufe, eft d'une touche libre. Haut. 13 p. 6 lign., larg. 11 p. 3 lign.

TITIEN.

113 La mort d'Adonis. Composition de trois figures ; Adonis eft fur le devant, la tête appuyée fur les genoux de Vénus, que l'on voit de face ; des nymphes partagent la douleur de la déeffe. Ce deffin à la plume & favant, eft rempli d'expreffion & de chaleur. Hauteur 11 pouces 8 lignes, largeur 13 pouces 9 lignes.

LANFRANCO.

114 Un deffin à la plume, repréfentant un fujet de l'Hiftoire-Sainte ; compofition de treize figures fous un périftile ; on voit au milieu Saint-Paul cherchant à rappeller à la vie un jeune homme étendu à terre. Hauteur 11 pouces 6 lignes, largeur 14 p. 6 lign.

PRIMATICE.

115 Un deffin, repréfentant la Charité humaine. Compofition noble au crayon rouge relevée de blanc fur papier gris. Hauteur 7 pouces, largeur 9 pouces.

CARLE MARATTE.

116 Un deffin à la fanguine, fur papier blanc, repréfentant le repas du mauvais riche fous un grand portique d'architecture. Haut. 18 p. 6 l. larg. 20 p.

DESSINS.

TINTORETTO.

117 Un deſſin à la plume, lavé à l'encre de la chine, repréſentant la réſurrection du Lazare; compoſition de dix-huit figures. Hauteur 10 pouces 6 lign. largeur 16 pouces 8 lignes.

ZUCCHARELLI.

118 Deux deſſins. L'un repréſente ſur le bord d'un ruiſſeau un pêcheur aſſis, & auprès de lui une femme portant une cruche ſur ſa tête, & tenant un enfant par la main; l'autre offre au bord d'une riviere un homme aſſis au bas d'une monticule, ſur laquelle on voit, par le dos, une femme montée ſur un cheval blanc; les fonds offrent des fabriques environnées d'arbres & des figures ſur différens plans. Les deſſins de ce maître ſont rares à trouver; ceux-ci ſont à l'eſtompe aux crayons noir & blanc, ſur papier bleu. Haut. 12 p. 9 lign. larg. 10 p. 6 l.

ROSALBA ET BOUCHER.

119 Deux têtes de jeunes filles au paſtel ſur papier bleu, toutes deux coëffées en cheveux. Hauteur 11 pouces 6 lignes, largeur 10 pouces.

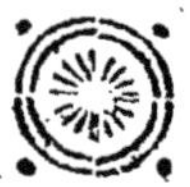

DESSINS MONTÉS

DE L'ÉCOLE FLAMANDE, &c.

COPIE DU TITIEN RETOUCHÉ PAR P. RUBENS.

120 La fépulture de Jéfus-Chrift ; compofition de fix figures en crayons rouge & noir. Hauteur 10 pouces fix lignes, largeur 13 pouces,

ADRIEN OSTADE.

121 Deux deffins à la plume coloriés, repréfentans des femmes affifes. Haut. 5 p. 6 lign., larg. 4 p.

J. JORDAENS.

122 L'Adoration des Bergers. Ce deffin colorié, & d'une riche compofition, eft un des beaux de ce maître. Hauteur 17 pouces, largeur 18 pouces.

JEAN DE WIT.

123 Une Defcente de Croix. On voit fur le devant Jéfus-Chrift foutenu par les Saintes-Femmes qui lui ôtent la couronne d'épines. Cette compofition de fept figures, qui tient de la maniere de Vandick eft aux crayons noir & rouge, rehauffé de blanc fur papier gris. Hauteur 16 pouces, largeur 13 pouces.

E. DIETRICCI.

124 Un Payfage avec chaumieres, fur le devant du

quel eſt un chemin orné de figures. Ce deſſin d'un effet piquant & d'une touche facile, eſt fait à la pierre noire ſur papier blanc. Haut. 11 pouces 8 lignes, largeur 13 pouces 6 lignes.

P. J. DE LOUTHERBOURG.

125 Un Deſſin aux crayons noir & blanc, ſur papier bleu ; repréſentant un homme & un enfant aſſis près d'un rocher, s'amuſant à faire battre un bouc avec un chien ; on y voit encore un bœuf & des moutons. Ce deſſin bien terminé, eſt du bon temps de ce maître. Hauteur 11 pouces, largeur 16 pouces.

D E S S I N S

DE L'ÉCOLE FRANÇOISE.

J. STELLA.

126 Une grande compoſition d'un beau ſtyle, repréſentant Jeſus-Chriſt guériſſant les aveugles ; on voit dans le haut des grouppes d'Anges ſur un fond d'architecture & de payſage. Ce deſſin ſur papier bleu & à la plume, lavé à l'encre de la Chine, eſt réhauſſé de blanc. Hauteur 18 pouces, largeur 22 pouces.

127 Quatre Portraits d'hommes, deſſinés aux trois crayons, dont deux par *Dumouſtier*.

EUSTACHE LE SUEUR.

128 Une très-belle étude d'une figure repréſentant Jeſus-Chriſt guériſſant les malades ; ce deſſin aux crayons noir & blanc, eſt ſur papier gris. Hauteur 12 pouces, largeur 7 pouces.

LAURENT DE LA HIRE.

129 Un beau Deſſin. Le repos de la Ste Famille, compoſition de trois figures grouppées ; ſur la gauche la Vierge tient l'Enfant Jeſus ſur ſes genoux, ſur le devant d'un payſage enrichi de ruines & fabriques ; ce deſſin ceintré du haut, eſt à la pierre noire, lavé d'encre de la Chine, ſur papier gris. Hauteur 15 pouces, largeur 10 pouces 6 lignes.

PAR LE MÊME.

130 Trois Deſſins ; Sujets Sacrés, d'une compoſition riche, dont les penſées de ceux de Saint Etienne du Mont.

PAR LE MÊME.

131 Une compoſition riche, repréſentant l'entrée de Jeſus-Chriſt dans Jéruſalem ; ce deſſin ſpirituellement fait, & rempli d'ame & d'expreſſion, eſt au crayon noir, réhauſſé de biſtre, ſur papier blanc. Hauteur 13 pouces, largeur 10 pouces.

P. H. DE CHAMPAGNE.

132 Un beau Deſſin à la pierre noire, réhauſſée de

blanc, fur papier gris, repréfentant Saint Paul parmi les Docteurs; cette belle compofition de vingt-cinq figures, d'un beau caractere, & remplies d'expreffion, eft une des belles productions de ce maître, & très-bien confervée. Hauteur 12 pouces, largeur 18 pouces.

LA BELLA.

133 Deux Deffins à la plume; l'un repréfente deux Chaffeurs à pied, arrachant des chiens acharnés fur un fanglier abbattu auprès d'eux, un troifieme vu par devant eft à cheval : dans l'autre on voit auprès d'un arbre deux Nymphes des bois, retenant des chiens qui cherchent à fe lancer vers des cerfs, que l'on voit paffer fur un plan éloigné; ces deffins d'une plume fine & fpirituelle, font du meilleur faire de *La Bella*. Hauteur 6 pouces 6 lignes, largeur 10 pouces.

PAR LE MEME.

134 Deux Deffins à la plume; l'un offre la vue d'une grande riviere, dont le rivage eft couvert d'arbres; l'autre eft une compofition de neuf figures, repréfentant des guerriers à cheval & d'autres à pieds; ces deffins faits à la plume, font pleins d'efprit. Hauteur 5 pouces 6 lignes, largeur 9 pouces.

LA FAGE.

135 Le Serpent d'airain, compofition riche de onze figures

figures faîte à la plume & au biſtre, ſur papier blanc. Hauteur 11 pouces, largeur 16 pouces.

G I L L O T.

136 Une danſe & fête de Satyres, deſſin à la ſanguine, ſur papier blanc. Hauteur 6 pouces, largeur 10 pouces.

C A Z E.

137 La Nativité; deſſin à la plume réhauſſé de blanc, & lavé au biſtre, ſur papier gris, ceintré du haut; cette riche compoſition paroît être des plus capitales de ce maître. Hauteur 20 pouces, largeur 14 pouces 6 lignes.

E D M E B O U C H A R D O N.

138 Un Deſſin ceintré, repréſentant une Étude pour un tombeau, compoſition de trois figures ſur papier blanc. Haut. 15 pouces 6 lig. larg. 8 pouces.

C A R L O V A N L O O.

139 La Préſentation au Temple : on voit dans le haut deux Anges précédés de trois Chérubins, les fonds offrent une belle Architecture. Ce Deſſin, à la pierre noire rehauſſée de blanc ſur papier gris, eſt une des belles compoſitions de ce Maître. Hauteur 34 pouces, largeur 13.

F. B O U C H E R.

140 Un charmant Deſſin, repréſentant Junon qui vient prier Éole de déchaîner les vents. Ce Dieu eſt vu auprès d'un rocher dont il ouvre l'entrée,

50 **D E S S I N S.**

les vents en sortent avec impétuosité. Cette composition à la plume est lavée à l'encre de la Chine sur papier blanc. Haut. 8 pouces, larg. 13.

P A R   L E   M Ê M E.

141 La Sainte Vierge vue à mi-corps, tenant l'Enfant Jesus debout sur ses genoux, auprès d'elle est encore une femme. Dessin à la plume lavé à l'encre de la Chine. Hauteur 11 pouces 6 lignes, largeur 8 pouces 6.

C. N A T O I R E.

142 Un Dessin colorié, forme d'éventail, c'est la vue d'un jardin orné de treillages sur le devant d'un bassin, & de figures représentant des amusemens champêtres. Haut. 5 pouces, larg. 18.

J. B. L E   P R I N C E.

143 La vue d'un Paysage : les devants sont ornés de deux figures, dont une jeune femme & un homme, conduisant un troupeau de moutons dans un chemin : la droite présente un pont & des masses d'arbres ; la gauche offre des lointains. Ce joli dessin est à la pierre noire sur papier blanc. Haut. 9 pouces 6 lignes, larg. 13 pouces.

L A G R É N É E   L E   J E U N E.

144 Un Dessin à la plume & colorié ; composition de trois figures, représentant l'Abondance, le fond offre des masses de paysages. Ce dessin est d'un effet piquant & d'une composition agréable. Hauteur 20 pouces, largeur 14.

PAR LE MÊME.

145 Une Composition allégorique. Ce font les Anges qui apportent des palmes aux meres des Innocens dont ils emportent les corps dans le Ciel. Deffin au biftre rehauffé de blanc. C'eft un des beaux de ce Maître. Haut. 22 pouces, largeur 15.

PAR LE MÊME.

146 Une riche compofition repréfentant l'Adoration des Rois. Ce deffin à la plume & au biftre fur papier blanc, eft une des belles productions de cet Artifte. Haut. 22 pouces, larg. 16;

PAR LE MÊME.

147 Agar dans le défert : compofition de trois figures vues à mi-corps ; elle tient fon enfant fur fes genoux, l'Ange lui montre du doigt la fource où elle doit fe défaltérer. Ce deffin au crayon rouge très-correct, eft d'une grande nobleffe de compofition. Haut. 11 pouces 6 lig. larg. 14 pouces 6.

PAR LE MÊME.

148 Le Triomphe d'Amphytrite; compofition agréable, à la plume & au biftre fur papier blanc, Haut. 6 pouces 6 lignes, largeur 17 pouces 6.

PAR LE MÊME.

149 Un deffin forme de frife, repréfentant l'Adminiftration de Jofeph : cette belle compofition eft à la plume & au biftre fur papier blanc. Hauteur 5 pouces, largeur 18.

D ij

M. FRAGONARD.

150 La vue d'un Jardin pittorefque, vue d'Italie, orné de figures & traverfé de deux colonnes ifolées placées fur le devant. Ce deffin au crayon rouge & mêlé de biftre eft fur papier blanc. Hauteur 12 pouces, largeur 17.

Madame FRAGONARD.

151 Une très-jolie petite Tête d'enfant peinte en mignature. 18 lignes de diamètre.

DESSINS MONTÉS

DE DIFFÉRENS MAITRES

DES TROIS ÉCOLES.

152 Trois Deffins : une compofition allégorique de cinq figures, fujet de la Fable, deffin à la pierre noire fur papier blanc, par M. *Cochin;* une compofition grotefque de trois poiffardes en querelle, appaifées par un capucin, deffin à la plume lavé à l'encre de la Chine, par *Jeaurat;* & un fujet antique, paroiffant repréfenter le lever d'une mariée, deffin au crayon rouge fur papier blanc. par *Roëttier.*

IDEM.

153 Quatre Deffins, dont l'un eft l'Agonie de Jefus-

Chrift dans le jardin des Olives, un Ange eft près de lui, deſſin à la plume, par *la Fage* ; un Guerrier Romain monté à cheval, deſſin à la plume lavé de biftre, par *la Rue* ; une compofition de deux figures, homme & femme, deſſin au crayon noir relevé de blanc, par *Carle Coſſi* ; deux Têtes de Vieillard, deſſins au crayon noir, par *le Sueur.*

I D E M.

154 Cinq Deſſins, dont un trait à la plume, repréfentant Moyſe ſauvé des eaux, *du Pouſſin* ; des Soldats fuyant du combat, deſſin à la plume lavé à l'encre de la Chine, par *la Belle* ; des Canoniers, par *Callot*, deſſin à la plume ; une Vierge portant dans ſes bras l'Enfant Jeſus, deſſin au crayon rouge ſur papier blanc, par *le Guerchin* ; la Femme adultere, compofition d'onze figures, deſſin à l'encre lavé de biftre, par *le Parmeʒan*, & un Officier vu par le dos, deſſin au crayon rouge, par *F. Vandermeulen.*

I D E M.

154. *bis.* Cinq Deſſins, dont une Vierge, par *le Correge* ; un Vieillard, par *Ottovénius*, & trois autres, par différens maîtres.

I D E M.

155 Cinq Deſſins, dont un Payſage, par *Van Uden*, deſſin à la plume colorié ; un Saint Jérôme, à la plume, par *Mola* ; l'Amour jouant avec Vénus, accompagnée d'une Nymphe, deſſin à la pierre

D iij

noire, par *Natoire*; un Vieillard tenant dans ſes
mains une cruche, deſſin à la plume & à l'eſtampe,
par *D. Ryckaert*; la Vierge & l'Enfant Jeſus,
deſſin à la plume & lavé de biſtre, par *Rotten-*
hamer.

I D E M.

156 Cinq Deſſins, dont une cariatide de femme,
portant ſur un chapiteau Corynthien deux Femmes
aſſiſes, les mains liées derriere le dos, deſſin à la plume.
Autre au crayon rouge repréſentant une Femme
portant un vaſe, & un trait à la plume, compoſition
de quatre femmes ſur papier blanc, par *le Par-*
mezan; un jeu de petits amours, compoſition de
ſix figures à la plume lavée à l'encre de la Chine,
par *le Pouſſin*; Saint François recevant de la Vierge
l'Enfant Jeſus, deſſin à la plume & au biſtre,
par *Auguſtin Carrache*.

I D E M.

157 Quatre Deſſins, dont une Marine, par *van*
Goyen, au crayon noir ſur papier blanc; un Homme
aſſis ſur une eſcabelle, deſſin à la plume lavé de
biſtre; un Vieillard endormi dans l'intérieur d'une
chambre, deſſin à la plume & au biſtre, par *Rem-*
brants; & le Serpent d'Airain, compoſition riche,
au crayon noir ſur papier blanc, par *Bartholomé*.

I D E M.

158 Cinq deſſins, dont une tête à la plume ſur papier blanc, par *Leguide*; une petite tête de Chriſt
ſur papier gris, aux crayons noir & blanc, par *Le-*

fueur; un portrait du regne de Louis XIV, au crayon noir fur papier blanc, par *S. Bourdon*, & deux femmes vêtues en domino aux crayons noir & rouge, fur papier blanc, par *Watteau*.

I D E M.

159 Cinq deſſins. La crêche, compoſition de quatre figures, deſſin à la plume, lavé de biſtre, par *Zuccharo*; des fabriques dans un payſage, dont les devans offrent un pâtre conduiſant des moutons, deſſin à l'encre de la chine, par *Bartholomé Bréemberg*; une étude de femme à genoux, deſſin au crayon noir & lavé de blanc, par *Vouet*; l'étude d'une figure en l'air, deſſin à la plume & à l'encre de la chine, par *Lafage*.

I D E M.

160 Trois deſſins, l'un à la plume, & lavé à l'encre de la chine, repréſentant un repos en Égypte; on voit un ange aux genoux de la Vierge, aſſiſe & tenant l'Enfant-Jéſus; Saint-Jean ſe voit près d'eux; le fond offre un payſage orné de ruines d'architecture, par *Mole*; la Communion, deſſin à la plume, & lavé à l'encre de la chine, par *Carle Maratte*, & une tête de jeune fille aux crayons rouge & blanc, par *Roëttier*.

I D E M.

161 Six deſſins au crayon rouge, repréſentant Jéſus-Chriſt & Saint-Pierre, par *Carle Maratte*; un port de mer où l'on voit des vaiſſeaux en rade; le rivage

D iv

eft efcarpé, deffin à la plume, par *la Belle*; un payfage au paftel, on voit affis près d'une fontaine une femme portant un enfant, par *Lahire*; une tête de vieillard dans la maniere de Rymbrants, deffin à la plume, par *Reiffenftein*; deux payfages avec fabriques & riviere, ornés de figures; deffins faits à la pierre noire & relevée de blanc, par *Desfriches*.

I D E M.

162 Trois deffins. La Sainte Vierge tenant l'Enfant-Jéfus; deffin à la pierre noire fur fatin blanc, par *Lahire*; un repos en Égypte, au crayon rouge fur papier blanc, par *Natoire*; le paffage d'un voiturier dans la forêt de Fondy, conduifant les penfionnaires du Roi; deffin, effet de lune, à l'encre de la chine fur papier blanc, par M. *Doyen*.

163 Plufieurs deffins, académies, & autres montés fous verre.

DESSINS EN FEUILLES

DE DIFFÉRENTES ÉCOLES.

164 Vingt deffins, par *Corneille*, d'après ceux du *Parmefan*, du *Titien*, des *Carraches*, & de *François Mola*.

165 Sept deffins, par *Baroche*, *Titien*, *Salvator*, & autres.

166 Dix-neuf deffins par différens bons maîtres Italiens.

167 Soixante & un deffins, par *le Parmefan*, *Both*, & autres.

168 Douze deffins, par *Rembrants*, & d'autres maîtres dans fa maniere.

169 Quarante-quatre deffins de *Lahire*, fujets de la Jérufulem délivrée.

170 Vingt-deux deffins, fujets profanes, par *Lahire*.

171 Quarante-fept deffins, fujets facrés, par *Lahire*.

172 Quarante-cinq Deffins *De La Hire*.

173 Douze Deffins par *le même*.

174 Six Deffins par *De la Belle*.

175 Vingt-cinq Deffins par *le même*.

176 Vingt-cinq Deffins François par *Vaffé*, *Roettier*, *Devailly*, *Natoire*, *Santerre* & *autres*.

177 Deux Deffins par *Colombel* & *Verdier*.

178 Un Volume de trois cens foixante-neuf Deffins, par différens Maîtres des trois écoles.

179 Un Volume de deux cens cinquante-huit Deffins, par différens Maîtres des trois écoles.

180 Un Volume contenant huit cens huit Eftampes, par *Stefano*, *De La Belle*, dont plufieurs pieces fort rares, favoir, le Repofoir, la vue du Pont-Neuf, la Bataille des Morts, & autres très-intéreffantes.

TERRES CUITES, PORCELAINES,

MÉDAILLES ET AUTRES CURIOSITÉS,

PLOMBS, MARBRES, BRONZES.

CLODION.

181 Un Vafe en terre cuite, ayant pour fupports deux femmes nues, vues par le dos, la panfe eft ornée de guirlandes entrelacées d'enfans. Hauteur 13 pouces 6 lignes.

MASSON.

182 Un Vafe en terre cuite, de forme allongée, furmonté de deux Nymphes des bois à pieds de faunes, preffant des raifins dans le vafe, dont la panfe eft ornée d'un bas relief doux, repréfentant une danfe en l'honneur de Pan. Hauteur 15 pouces 6 lignes.

TERRE CUITE.

183 Deux Enfants dans le genre de François Flamand. Hauteur 3 pouces 4 lignes.

SALLY.

184 Une figure en plomb, repréfentant l'Amour tenant une flêche & appuyé fur un tronc d'arbre d'où pend fon carquois. Hauteur 5 pieds...

MARBRES.

LE MOYNE.

185 Une figure en plomb; c'eſt l'étude ſous
la figure d'un Homme aſſis, tenant un livre
ouvert, des acceſſoires relatifs aux arts ſont à ſes
pieds. Hauteur 22 pouces.

MARBRE.

186 Une Erigone en marbre blanc, elle preſſe dans
ſa main droite une grappe de raiſin, & tient un
vaſe dans la gauche. Hauteur 15 pouces 6 lignes.

IDEM.

187 Un Enfant en marbre blanc, il eſt aſſis tenant
d'une main une conque dans laquelle il ſouffle,
& de l'autre un maſque. Hauteur 22 pouces.

IDEM.

188 Un Buſte de Moliere en marbre blanc, la tête
eſt couronnée de lierre. Hauteur 22 pouces.

189 Deux Vaſes de granit d'une forme allongée,
avec des couvercles ſurmontés d'une pomme de
pin. Hauteur 3 pieds.

GRANIT ROUGE.

190 Deux Vaſes forme de caſſolette. Hauteur 12
pouces 6 lignes, largeur 10 pouces.

191 Deux Socles de granit roſe. Hauteur 7 pouces
largeur 16 pouces.

192 Deux Fûts de colonne de porphire vert. Hauteur
20 pouces.

183 Un Fût de colonne & son socle de marbre d'Italie. Hauteur ensemble 25 pouces 6 lignes.

MARBRE.

194 Deux Baluſtres en marbre blanc, ſervant de gaines. Hauteur 25 pouces.

BRONZE.

195 Un Mezetin, à ſes pieds on voit deux ſinges. Hauteur 18 pouces.

IDEM.

196 Un Neptune en Bronze du tems des Médicis, on voit à ſes pieds un cheval marin. Haut. 20 pouc.

PORCELAINE DE LA CHINE.

197 Une bouteille bleue avec ſon couvercle garni de cuivre doré ſur plateau bleu large de 10 pouces. Hauteur de la bouteille 13 pouces 6 lignes.

IDEM.

198 Deux Magots bleus debout, la tête couronnée de fleurs; ils ſont montés ſur des pieds en cuivre doré. Hauteur 8 pouces.

IDEM.

199 Deux Singes verts; ils ſont aſſis & tiennent dans leurs mains des fruits; la tête eſt ſurmontée d'une fleur faiſant le couvercle enlacé de ſix chaînes en cuivre doré. Hauteur 8 pouces 6 lig.

200 Trois Boëtes d'écaille à cercles d'or, dont deux ornées de contrépreuves, de Bouchardon,

d'après le Parmesan ; sur la troisieme , on voit un croquis au bistre , par Rembrants.

201 Une Boëte d'écaille à cercle d'or enrichi du portrait de Louis XIV , peint en émail par *Châtillon*.

Un Portrait d'homme par *le même* , dans une bordure de cuivre.

202 Une Boëte par *Martin* , imitant le vieux laque, à gorge & charniere d'or.

DEUX PORTRAITS EN MINIATURE.

203 Deux petites Chevres dans des bordures de cuivre ; & un Christ gravé en relief sur jaspe sanguin , entouré d'une petite bordure en argent.

204 Un petit Meuble à neuf tiroirs, dont plusieurs garnis de morceaux d'agate, de jaspe, de calcédoine , de cristaux de roche , & autres pierres figurées & accidentées , ainsi qu'une petite collection de pierres fines & fausses contenues dans des verres.

205 Un Médailler contenant douze Médailles en or , dont celles de *Néron* , *Julia Pia Constantia* , avec le revers d'une victoire , deux d'*Antinoüs* , une *de Marc Aurele* , &c. Six cens quinze Médailles en argent, dont une petite partie de Billion; sept cens soixante Médailles en bronze , dont cent quatre - vingt - quatorze grandes ; plusieurs de ces Médailles sont fort rares ; & vingt - trois autres

grandes en bronze & en étaim. Ces articles feront divifés par lots, s'il ne fe trouve pas d'acquéreur pour la totalité,

Douze Médailles en argent, de l'Ordre de Saint-Michel.

206 Plufieurs Catalogues de différentes ventes de Tableaux avec les prix; la vie des Peintres, par *Defcamps*, plufieurs volumes d'Eftampes, contenant les portraits des Papes; la Cité d'Urbain; le grand Cabinet Romain; Annales de France; Defcriptions Romaines; un Recueil par *Bloemaert*; la Colonne Trajanne; un Recueil de Portraits des Hommes illuftres, plufieurs Fontaines de Rome. Tous ces objets feront divifés dans le cours des vacations.

207 Plufieurs Objets de différens genres, qui feront détaillés dans le cours des vacations.

TABLEAUX

DE DIFFÉRENTES ÉCOLES.

LANFRANC.

208 Un Tableau, repréfentant l'Afcenfion de Jefus-Chrift; compofition de fix figures, efquiffe terminée, & d'une bonne couleur. Hauteur 21 pouces, largeur 14 pouces T.

GAUFFREDI.

209 Un Payfage repréfentant l'intérieur d'une cour; on voit auprès des murs, & fur différents plans un homme & une femme; une piece d'eau dans laquelle on voit des canards, occupe le devant du tableau, qui vient de la vente de Monfeigneur Prince Conty, n°. 886. Hauteur 7 pouces 6 lig., largeur 10 pouces 3 lignes. C.

PHILIPPE LAURI.

210 Vénus & Adonis fur le devant d'un payfage; ce tableau de forme hexagone, eft d'une couleur brillante, & agréable de compofition. 9 pouces de diamêtre. B.

ROSE D'ITALIE.

211 Un tableau repréfentant la Vue d'une Campagne d'Italie; fur le devant on voit un pâtre gardant fon troupeau. Hauteur 34 pouces; largeur 26 pouces. T.

LUCATELLI.

212 Un Tableau rond, repréfentant un Payfage & Fabrique, orné de plufieurs figures & animaux fur différents plans; ce morceau riche de com-pofition, offre des détails intéreffans. Diamêtre de 35 pouces. T.

HORIZONTI.

213 Un Payfage d'un fite pittorefque vue d'Italie;

enrichi de fabriques & monumens : on diftingue fur les devants cinq figures principales, auprès d'un troupeau de chevres, l'on en voit deux qui luttent, plufieurs figures font diftribuées fur les plans éloignés. Hauteur 32 pouces, largeur 45 pouces. T.

PAUL PANINI.

214 Sept Figures groupées près de différents fragments d'architectures, parmi lesquels on remarque un bas relief antique ; ce tableau qui eft du bon faire de ce maître, eft facilement peint. Hauteur 11 pouces, largeur 10 pouces & demi T.

BREUGHEL & VANKESSEL.

215 Un joli Payfage orné d'une riviere , & fur le devant d'un grand arbre, fur les branches duquel font raffemblés differens oifeaux. Hauteur 5 pouc., largeur 7 pouces. C.

J. VANGOYEN.

216 Une vue de Mer, où l'on voit fur le devant une barque de pêcheurs à la voile ; à quelque diftance une tour ifolée ; le fond eft terminé par l'indice d'une ville & des maffes de payfage. Ce tableau eft d'une touche fine & tranfparente. Hauteur 14 pouces, largeur 21 pouces. B.

PAR LE MÊME.

217 La Vue d'une Campagne, ornée fur le devant d'une haye qui conduit fur la droite, & auprès de laquelle

laquelle on voit une figure. Un grouppe de beaux arbres occupe encore les derrieres de la haye. Hauteur 10 pouces, largeur 14 pouces, B.

FRANKALS.

218 Le Portrait d'un homme portant mouſtaches. Il eſt aſſis & vu juſqu'aux genoux, habillé d'une ſoutanne noire ; ſon manteau, qui revient par-devant, couvre ſes genoux ; il tient ſon chapeau de la main gauche, & porte la droite ſur ſa poitrine ; la tête eſt couverte d'une calotte noire & coëffée de cheveux blancs très-courts. Ce Tableau, d'une touche ſavante & de la plus grande vérité, eſt un des meilleurs ouvrages de ce Maître. Hauteur 9 pouces 6 lignes, largeur 12 pouces 6. B.

PAR LE MÊME.

219 Une Tête d'Homme d'un beau caractere, vûe de trois quarts, coëffée en cheveux, portant mouſtaches, ayant une fraiſe au col ; il eſt ajuſté d'une robe & ceinture noire ; la main droite eſt appuyée ſur le côté, & la gauche contre ſa poitrine. Ce Tableau, d'une touche large & facile, eſt du plus beau faire de ce Maître. Hauteur 7 pouces, largeur 5. C.

DAVID TENIERS.

220 Une Tête d'Homme vue de trois quarts ; elle eſt coëffée d'un chapeau à plumes rouges, les épaules couvertes d'un manteau. Ce Tableau d'une

touche ferme, eft d'une bonne couleur. Haut. 5 pouces, larg. 4. B.

C. POELEMBOURG.

221 Un Tableau, payfage & fabriques, orné de figures & animaux; on remarque fur lè devant l'Ange conduifant Tobie. Hauteur 9 pouces, largeur 12. B.

PETER NÉEFS.

222 Un Tableau repréfentant l'intérieur d'une Églife, orné fur le devant de neuf figures par Franck. Haut. 10 pouces, larg. 14. B.

ATTRIBUÉS A BARTHOLOMÉ.

223 Deux Payfages faifant pendans, dans lefquels on voit quelques figures & animaux; des maffes de rochers furmontés d'arbres & de fabriques, rendent les fites très-pittorefques. Hauteur 7 pouces 6 lignes, largeur 16 pouces 6.

VAN BALEN.

224 Un Payfage fur le devant duquel on voit l'Enfant Jefus accompagné de fix Anges, qui s'empreffent à le divertir. Haut. 7 pouces 6 lig., largeur 10 pouces 9. C.

ÉCOLE DE REMBRANTS.

225 Une Tête d'Homme vue de face, éclairée de trois quarts, portant barbe & mouftaches, ayant une fraife blanche au col; il eft vêtu d'un man-

teau. Ce Tableau d'un faire large & facile, eſt d'une grande vérité. Haut. 21 pouces, larg. 16. B.

F E R D I N A N D B O L.

226 Aman confondu devant Aſſuerus & Eſther, peint ſur toile. Hauteur 46 pouces, largeur 60.

P. D E K O N I N G.

227 Un Payſage, vue de Flandre, richement orné ſur différens plans; les devants préſentent un grand chemin, ſur lequel on voit quelques figures d'un effet piquant. Haut. 11 pouces, larg. 15. B.

M I C H E L C O X I S E T F Y T.

228 Une compoſition de trois figures, dont deux Femmes & un Chaſſeur dans un payſage, ſur le devant duquel ſont pluſieurs animaux par Fyt. Ce Tableau d'une belle couleur eſt d'une grande vérité. Haut. 6 pieds 6 pouces, larg. 5 pieds 3. T.

B A C K H U Y S E N.

229 Une Marine. La mer eſt couverte de vagues; on y voit trois chaloupes à la voile, qui s'efforcent de rentrer dans le port aux approches d'un orage, le ciel eſt bientôt entiérement obſcurci, un ſeul rayon de ſoleil frappe vivement ſur la droite du Tableau, & fait détacher en vigueur ſur les devants la principale chaloupe; dans l'éloignement on diſ-tingue le rivage orné de quelques fabriques; pluſieurs bâtimens ſont en rade. Ce Tableau, de l'effet le plus piquant & d'une grande vigueur, eſt du

meilleur tems de ce Maître. Hauteur 26 pouces 8 lignes, largeur 52 pouces.

C. SCHUT.

230 La Toilette de Vénus; compofition de onze figures. La Déeffe eft affife fur une monticule au bord de la mer, trois Nymphes l'environnent, l'une d'elles lace fes brodequins, une autre orne fes cheveux de perles que lui préfentent des petits Amours, qu'une troifieme Nymphe prend dans un vafe d'or; deux Amours portent dans l'air le miroir; on voit encore fur la mer un Dauphin monté par un Amour & amené à terre par un autre, qui le tient lié par des rubans. Le lointain eft une pleine mer. Hauteur 5 pouces 10 lignes, largeur 8 pouces. C.

A. OSTADE.

231 Deux petits Tableaux ronds, repréfentant deux Têtes d'Hommes faifant pendans; ils font d'une bonne couleur & d'une touche fraîche. Diamêtre trois pouces & demi. B.

PAR LE MÊME.

232 Un Tableau repréfentant un homme vu à mi-corps & tenant une cruche des deux mains. Hauteur 10 pouces, largeur 9. B.

ISAAC OSTADE.

233 Une Fête de Village; on y compte environ cinquante figures. Sur le premier plan à droite, on

voit auprès d'un grand arbre le principal grouppe,
c'eft une charette attelée d'un cheval monté par
un homme, une vieille femme un enfant fur le
dos & un petit garçon font auprès ; la droite offre ,
près d'un village, différens grouppes de paylans,
les uns font à table , d'autres danfent, beaucoup
d'enfans font difperfés fur différens plans. Un ciel
nuageux termine ce Tableau. Hauteur 16 pouces,
largeur 21 pouces. B.

J. R U I S D A E L.

234 Un Payfage repréfentant une Forêt, traverfée
d'une mare d'eau ; une percée dans le bois
laiffe découvrir des lointains qui terminent ce
Tableau ; les maffes s'y détachent fur un beau
ciel , & l'effet en eft miftérieux & piquant. Hauteur 20 pouces , largeur 25. T.

P A R L E M Ê M E.

234 *Bis.* Un charmant Tableau , Payfage où l'on voit
un moulin à vent & des chaumieres ; à la porte
d'une defquelles font deux figures près d'une
haie baignée par une riviere qui paffe fur le devant. Ce morceau fin & piquant offre un ciel bien
nuagé. Hauteur 12 pouces , largeur. 13. B.

H O B É M A.

235 La vue d'une Campagne , dont la droite eft
ornée de maffes d'arbres & chaumieres , près d'un
chemin dans lequel on voit deux figures ; plus loin
fur la gauche paffe une riviere , au bord de la-

quelle font des pêcheurs. Le fond eft terminé par l'indice d'un village. Haut. 12 pouces, larg. 11. B.

H U G T E M B U R G.

236 Un Tableau repréfentant la vue d'un Camp; on voit fur la droite plufieurs cavaliers & autre foldats à pied, l'un d'eux embraffe une femme près d'une tente de vivandiere; la gauche offre un défilé de troupes, des lointains terminent ce Tableau, qui eft un des plus fins de ce Maitre Hauteur 17 pouces, largeur 23. T.

V A N   D E R   D O E S.

237 Un Payfage éclairé au foleil couchant; on voit fur le devant, dans un grand chemin qui paffe auprès d'une fontaine ornée de débris & de bas-reliefs d'arcades, un troupeau de moutons & de chêvres conduit par un jeune berger; les devants font ornés de rofeaux & de belles plantes. Ce Tableau qui eft du plus beau ton de couleur, eft précieufement fait & l'un des plus beaux de ce maître. Hauteur 11 pouces 9 lignes, largeur 14 pouces 3. T.

D. V E R T A N G E N.

238 Un Payfage au clair de la lune; fur le premier plan eft un chemin dominé par une pointe de rocher, environnée d'arbriffeaux & de débris d'Architecture, parmi lefquels on remarque un bas-relief d'enfans; on y voit fur le devant Thisbé un flambeau à la main, qui fuit à l'afpect du Lyon qui tient déjà fon voile; elle eft vêtue d'une

robe bleue qui lui couvre les reins & laiſſe la poitrine découverte, une draperie rouge qui n'eſt plus
retenue que par le bras droit, voltige au gré de
l'air ; on apperçoit dans une plaine éloignée
une fontaine ſurmontée de deux ſtatues qui ver-
ſent de l'eau ; le lointain eſt formé par des
montagnes. Ce ſujet très - intéreſſant nous paroît exécuté d'une maniere neuve, & dans une
ſituation très - piquante, le deſſin, l'harmonie,
& la fineſſe du pinceau, doivent faire regarder
ce Tableau comme un des plus parfaits de ce
Maître. Haut. 9 pouces 6 lig., larg. 12 pouces. B.

G. M E T Z U.

239 L'intérieur d'une Cuiſine, dans laquelle on voit
à droite & de profil une jeune Cuiſiniere habillée
d'un juſte rouge, écaillant un poiſſon tandiṣ qu'un
petit garçon aſſis arroſe un roti qui eſt à la bro-
che ; pluſieurs poiſſons dans une manne, & différens acceſſoires de cuiſine ſont répandus à terre;
une porte ouverte à gauche laiſſe appercevoir un
appartement ; où l'on voit une jeune fille aſſiſe les
yeux baiſſés ſur ſon ouvrage, tandis qu'un homme
debout, dans la demi-teinte, la conſidere. Ce
Tableau vient de la collection de Monſeigneur le
Prince de Conti, ſous le n°. 333. Hauteur 22
pouces, largeur 18.

S C H A L K E N.

240 Un Tableau effet de lumiere, repréſentant un

Homme près d'une table, sur laquelle sont différens accessoires, il est occupé à lire une lettre,
& à fumer. Hauteur 11 pouces, largeur 9 pouces.

A. PINACKER.

241 Un Tableau d'un ton chaud & piquant, représentant une Forêt ornée de figures par M. *La
Grenée* le jeune, elles sont occupées à poursuivre
un cerf. Hauteur 10 pouces, largeur 13 pouces. B.

PH. WOUWERMANS.

242 Jesus-Christ parmi les Docteurs; cette composition de vingt-une figures, joint à sa richesse qui
harmonie piquante, & un ton vigoureux. Hauteur
19 pouces, largeur 24 pouces. T.

J. ASSELYN.

243 Un Paysage; on voit sur la droite un grouppe
de Cavaliers conversant avec un bucheron, qui
mene un âne chargé de fagots; la gauche offre
une fontaine, où l'on voit un homme & un chien,
une grande étendue d'eau qui sort d'une source,
occupe les devants, quelques figures sont distribuées sur les plans éloignés de ce tableau, qu
est terminé par une chaîne de montagnes. Hauteur 18 pouces, largeur 23 pouces. T.

J. B. WENINX.

244 La vue d'une Place publique enrichie de monumens & ruines d'architecture, & ornée de plusieurs grouppes de figures, représentant un dépai

pour la chaffe ; ce tableau d'un bel effet, & d'une compofition agréable eft au premier coup. Hauteur 44 pouces, largeur 63 pouces. T.

C. BEGA.

245 Un Tableau, compofition de fix figures d'hommes affis & grouppés fur le devant d'un intérieur de chambre ruftique, ils font occupés à boire & à jouer aux cartes. Hauteur 14 pouces, largeur 11 pouces. T.

A. F. VANDER MEULEN.

246 Deux petits Payfages & figures faifant pendans; l'un repréfente dans un grand chemin un repos de Cavaliers occupés à fe rafraîchir à la porte d'une hôtellerie ; l'autre offre une Bataille à l'entrée d'un bois ; ces deux tableaux d'une compofition riche, claire & brillante, font des plus fins de ce maître. Hauteur 5 pouces, largeur 7 pouces. B.

E. DE WITTOS.

247 Un Tableau imitant un bas relief en bois, compofition de huit figures repréfentant l'Amour des Arts ; ce morceau très-bien exécuté, eft parfaitement rendu & fait illufion. Hauteur 26 pouces, largeur 51 pouces. T.

J. SANDRART.

248 Le portrait d'une jeune femme vue à mi-corps, coëffée en cheveux, elle tient dans fes mains une

couronne de lauriér, & eſt ajuſtée d'une chemiſe
à collet, & d'une robe cramoiſie à manches
courtes ; ce tableau ſpirituellement peint, eſt d'une
couleur brillante & d'une touche fine : on connoît la rareté des ouvrages de ce maître. Hauteur
38 pouces, largeur 24 pouces. T.

J. SPROENK.

249 Une belle Tête d'Homme vue de trois quarts,
coëffée d'un grand chapeau noir, le col garni
d'un rabat blanc, il eſt vêtu d'un manteau, &
tient un gand de la main gauche ; ce morceau
d'une touche large & facile, eſt d'une bonne couleur. Hauteur 30 pouces, largeur 24 pouces. T.

DE WLIEGER.

250 Une Marine ornée ſur le devant d'une terraſſe,
au bord de laquelle on voit une barque de pêcheurs, & quelques bateaux chargés de figures ;
dans l'éloignement pluſieurs vaiſſeaux & barques
en pleine mer ſont à la voile ; ce tableau d'un ton
chaud, eſt d'un effet piquant. Hauteur 12 pouces,
largeur 13 pouces. B.

WILDENS.

251 L'Hiver. La campagne eſt couverte de neige ;
la droite du tableau offre une ruine de fabriques ;
& la gauche eſt ornée de grands arbres : onze
figures ſont placées ſur différens plans, les plus
remarquables ſont deux Cavaliers en manteau

rouge, accompagnés d'un homme à pied, fuivi
d'un chien. Hauteur 31 pouc., largeur 48 pouc. T.

C L O M P.

252 La vue d'une Prairie, fur le devant de laquelle
on voit auprès d'une barriere de bois élevée
contre des arbres, un homme & une femme affis
gardant un troupeau de deux vaches & cinq moutons, près d'eux un âne eft couché à terre; on
diftingue encore dans le lointain, des figures &
des animaux Hauteur 15 pouces, largeur 18
pouces. T.

S T O R C K.

253 Deux Tableaux faifant pendans; repréfentans
des Marines, vues d'Hollande, ornées de vaiffeaux & de figures. Hauteur 30 pouces, largeur
40 pouces. T.

M I C H A U.

254 Un Payfage dont la gauche eft ornée de fabriques & de diverfes figures & animaux, près
d'un chemin qui indique l'entrée d'un village;
la droite offre plufieurs barques de pêcheurs,
au bord d'une riviere qui fe perd dans l'éloignement. Hauteur 14 pouces, largeur 18 pouces. B.

B O U T & B O U R D E W Y N S.

255 Deux Payfages faifant pendans; l'un repréfente
au bord d'une riviere un grand chemin, fur le
devant duquel on voit au bas d'une monticule

d'où s'éleve un grand arbre, deux mulets chargés & leurs conducteurs ; & plus loin fur la
gauche, un charrette attellée de trois chevaux,
dont l'un eft monté par le charretier, deux hommes
font affis au bord de la riviere qui eft traverfée
d'une ifle couverte de jeunes arbres , près de
laquelle on voit dans l'éloignement des bateaux
chargés de figures.

L'autre offre à droite fur un terrein élevé, &
fur le premier plan près d'un groupppe de grands
arbres , un payfan couché près d'une fileufe
affife, accompagnée d'un petit garçon, ils gardent
un troupeau de quatre vaches ; plus loin une
prairie en plan coupé par une haye vive, conduit à des fabriques environnées d'arbres , près
defquelles on voit un repos de chaffeurs à cheval,
& d'autres à pied ; à gauche près d'un étang
d'une eau linipide, on diftingue encore dans l'é-
loignement des Cavaliers, & d'autres figures ; le
lointain eft formé par un hameau environné
d'arbres, fitué au milieu d'une pleine bornée par
des montagnes. Hauteur 24 pouces, largeur 21
pouces T.

PAR LES MÊMES.

256 Un Tableau repréfentant la vue d'un Village
fitué près d'une riviere, où l'on voit le paffage
d'un bac, les devants font ornés de plufieurs figures
& animaux. Hauteur 12 pouces, largeur 22
pouces.

V A N D E R K A B E L.

257 Un joli Tableau de forme ronde , d'une
riche compofition , repréfentant un Sacrifice à
Cérès. Diametre de 11 pouces fur bois.

V A N B L O E M E N.

258 Une marche de Chevaux fur le devant d'une
campagne, dont les fonds font ornés de fabriques;
ce tableau dont les animaux font d'un deffin pur
& favant , eft peint avec fermeté. Hauteur 22
pouces, largeur 36 pouces. T.

P A R L E M Ê M E.

259 Un Tableau repréfentant Mercure voulant
endormir Argus; on voit fur le devant un troupeau d'animaux fur un fond de payfage. Hauteur 18 pouces , largeur 24 pouces. T.

P A R L E M Ê M E.

260 Un Tableau repréfentant un payfage avec figures,
l'on remarque fur le devant des animaux en
repos. Hauteur 14 pouces , largeur 18 pouces. T.

L E C H E V A L I E R B R E D A E L.

261 Un Tableau repréfentant une Foire de Village , fur le devant d'un payfage d'un fite
agréable; ce morceau dont la compofition offre
des détails intéreffans , eft du meilleur faire de
ce maître. Hauteur 14 pouc., largeur 20 pouc. C.

H A K K E R T.

262 Un Tableau repréfentant l'entrée d'un Bois,

le devant offre un grand chemin enrichi de figures, dont un chaffeur précédé de deux chiens, converfant avec un enfant ; plus loin eftune femme montée fur un âne, accompagnée d'un homme à pied ; ce morceau intéreffant de compofition, offre un fite vrai & piquant d'effet. Hauteur 35 pouces, largeur 32 pouces. T.

VANDER POEL.

263 Lintérieur d'une Chambre ruftique, au milieu un homme eft affis, tenant une pipe & regardant un enfant qui joue avec un chien; différents accefioires ornent encore ce tableau. Hauteur 16 pouces, largeur 14 pouces. T.

BRECKELENKAMB.

264 Un intérieur de Chambre, où l'on voit deux hommes affis près d'une table, l'un tenant un verre de vin, & l'autre occupé à allumer fa pipe; on apperçoit dans le fond une domeftique d'hotellerie. Hauteur 17 pouces, largeur 13 pouces. T.

CRAESBEKE.

265 Un Tableau de deux figures vues à mi-corps, dans un intérieur de chambre, dont un medecin aux urines près d'une table, il eft occupé à regarder une phicle qu'une femme près de lui paroît lui avoir apportée. Hauteur 11 pouces, largeur 8 pouces. B.

A. V A N D E R N E E R.

266 Un Clair de Lune repréfentant un Payfage, vue de Flandre, orné de figures fur les devants. Hauteur 9 pouces, largeur 14 pouces B.

P A R L E M Ê M E.

267 Un Clair de Lune, c'eft la vue d'un Village Hollandois, on remarque fur les devants un moulin près d'une riviere, où l'on voit deux pêcheurs dans un bateau. Hauteur 21 pouces, largeur 18 pouces. T.

P A R L E M Ê M E.

268 La vue d'un payfage orné de riviere; effet de nuit, plufieurs figures occupent les devants; ce tableau piquant eft d'une compofition agréable. Hauteur 13 pouces, largeur 18 pouces T.

G R I E F.

269 Un des plus fins Tableaux de ce maître, repré-fentant un lievre mort, & d'autres oifeaux grouppés fur le devant d'un payfage. Hauteur 32 pouces, largeur 25 pouces. T.

V A N F A L E N S.

270 Deux payfages dans le genre de Poelembourg; ils repréfentent des baigneufes auprès de ruines de fabriques, les fonds font des payfages clairs. Hauteur 8 pouces 6 lignes, largeur 17 pouces 8 lignes. B.

MAYER.

271 Deux petits Payfages faifant pendants, ornés de figures & animaux, dans l'un eft une jeune vivandiere & un garçon qui fe chauffent, près deux un homme conduit un cheval blanc ; l'autre repréfente un homme qui arrange des bagages pour charger un cheval blanc qui eft près de lui ; plus loin au bord d'une riviere, deux hommes péchent des écreviffes. Ces deux jolis tableaux offrent des fites très-intéreffans. Hauteur 6 pouces, largeur 7 pouces & demi. B.

FRANCE DELIEGE.

272 Deux petits Tableaux faifant pendants ; compofition de deux figures homme & femme, fujets tirés de la vie privée. Hauteur 6 pouces, largeur 5 pouces.

N. POUSSIN.

273 Un Payfage du ftyle le plus févere & de la compofition la plus noble, formé de rochers, de maffes d'arbres & de riviere ; on voit fur un nuage qui defcend jufqu'à terre, Jupiter porté fur fon aigle, montrant à Calyfto la place qu'elle doit occuper dans le Zodiaque dont on voit le difque dans le ciel. La Nymphe, changée en ours, s'avance fur le nuage pour échapper aux pourfuites d'un chaffeur que l'on voit au bas. Ce Tableau, qui nous retrace les roches & le caractere du fublime Tableau du

Déluge

Déluge, ne peut qu'intéresser les amateurs du vrai beau. Haut. 33 pouces, larg. 40. T.

SÉBASTIEN BOURDON.

274 Une Fuite en Égypte ; sur le premier plan on voit au passage d'une riviere la Vierge montée sur un âne, & tenant l'Enfant Jesus ; elle est habillée d'une robe rouge & d'une draperie bleue ; un Ange est auprès d'elle, tandis que trois autres volent au-dessus de sa tête portant une draperie ; Saint Joseph à pied conduit l'âne ; il est vêtu d'une robe aurore, & a la tête tournée vers deux hommes assis sur un plan éloigné gardant des moutons ; le fond est un paysage orné de beaucoup de fabriques & de beaux arbres, un ciel richement nuagé termine cette belle composition. Ce Tableau d'une couleur fine & d'un grand caractere, doit être regardé comme un des ouvrages capitaux de cet habile Maître. Haut. 36 pouces, larg. 48. T.

BOUGUIGNON ET CASANOVA.

275 Deux Tableaux faisant pendans, représentant chacun un Choc de Cavalerie, dans l'un desquels le plus remarquable est un Militaire monté sur un cheval blanc, qui se baisse pour éviter un coup de pistolet. Ces Tableaux peints avec chaleur ont beaucoup d'énergie. N°. 175 de la collection de M. de Boisset. Hauteur 12 pouces, largeur 19 pouces 9 lignes. T.

F

C. LE BRUN.

276 L'Apparition de Jésus-Christ à Saint Étienne, avant son martyre. Ce Tableau de dix figures est d'un beau caractere. Haut. 43 pouces, larg. 32. T.

LAURENT DE LA HIRE.

277 Un Tableau, Paysage & Architecture, orné sur le devant de plusieurs figures, représentant Achille reconnu par Ulysse à la Cour de Nicomède. Hauteur 36 pouces, largeur 33. T.

J. STETTA.

278 Sainte Apolline martyre, visitée par l'Ange & Saint Pierre. Ce Tableau de trois figures est d'une touche fine. Haut. 14 pouces, larg. 20. T.

LÉLY.

279 Une jeune Femme vue à mi-corps, & de trois quarts coëffée en cheveux, ajustée d'un corsage rouge ; elle semble montrer un brasselet de perles que porte son bras droit. Hauteur 34 pouces, largeur 28. T.

C. PAROCEL.

280 Un Tableau représentant une Chasse au Lion sur le devant d'un Paysage. Ce morceau d'une couleur brillante est d'une riche composition. Hauteur 24 pouces, larg. 36. T.

PAR LE MÊME.

281 Un Tableau d'une riche composition, représentant une Armée mise en fuite par un corps no m.

breux de troupes qui font une fortie d'une ville
que l'on voit dans l'éloignement. Ce morceau
brillant & vigoureux eft du meilleur faire de ce
Maître. Haut. 25 pouces, largeur 40. T.

B A P T I S T E.

282 Un Tableau repréfentant un Vafe rempli de
fleurs, légérement grouppées ; il eft fûr une table.
Hauteur 24 pouces, largeur 20. T.

N I C O L A S L O I R.

283 Un Payfage & chute d'eau, avec fabriques,
orné de figures fur différens plans ; on remarque
à droite un grouppe de trois figures, repréfentant
la Fuite en Égypte. Haut. 45 pouces, larg, 54. T.

C O Y P E L.

284 Le Génie & la Peinture, compofition allégorique. Haut. 75 pouces, larg. 56. T.

N. V E U G L E.

285 Polyphême fur le rocher, écrafant Galathée
& Acis. Cette compofition de trois figures eft du
plus beau faire de ce Maître. Hauteur 4 pouces,
largeur 3. C.

A. W A T T E A U.

286 Un Tableau, compofition de cinq figures, repréfentant une Scene de Comédie. Ce morceau
d'une compofition agréable eft d'une bonne couleur. Hauteur 24 pouces, largeur 30. T.

PAR LE MÊME.

287 Un Tableau, Payfage orné de neuf figures principales fur le devant ; elles font occupées à faire de la mufique. Cette compofition agréable eft des premiers tems de ce Maître. Hauteur 24 pouces, larg. 22. T.

J. B. PATER.

288 Un Tableau, Payfage, vue de riviere & fabriques ; on voit fur le devant trois hommes affis au pied d'une maffe d'arbrs. Le fond eft terminé par un fite montagneux. Hauteur 19 pouces, largeur 17.

N. LANCRET.

289 Un petit Tableau, compofition de deux figures d'homme & de femme vues à mi-corps, près d'une table fur laquelle eft une lumiere, ils font occupés à lire une lettre. Ce morceau piquant d'effet eft du bon tems de ce Maître. Hauteur 7 pouces, largeur 5 & demi. B.

LA FOSSE.

290 Vénus commandant des armes à Vulcain. Ce Tableau agréable eft compofé de fept figures. Haut. 42 pouces, larg. 26. T.

BERTIN.

291 Deux Tableaux en travers, compofition de trois figures chacun ; l'un repréfente Loth & fes filles, & l'autre eft Suzanne furprife par les Vieillards. Hauteur 19 pouces, largeur 35. T.

J. B. GREMOU.

292 Une jeune Fille vue de trois quarts, coëffée en cheveux & légérement ajustée, tenant une corbeille remplie de fleurs. Haut. 26 pouces, larg. 21. T.

PAR LE MÊME.

293 Un Tableau représentant un Pélerin vu par le dos, la tête tournée de trois quarts & coëffée d'un chapeau. Haut. 36 pouces, larg. 26. T.

C. VANLOO.

294 Promethée attaché sur le Mont Caucase, prêt à être dévoré par l'Aigle, que l'on voit planer au-dessus; ce Tableau, d'un dessin pur & correct, est rempli d'expression; il vient de la vente de M. Watelet: n°. 8 du Catalogue, & a été vendu 600 liv. Hauteur 21 pouces, largeur 24 pouces. T.

F. BOUCHER.

295 Deux Tableaux faisant pendans, l'un est l'intérieur d'un Jardin; sur le premier plan qui est orné d'une caisse d'orangers & de pots de fleurs; une jeune fille vêtue d'un corset aurore & d'une juppe rouge, reçoit dans son tablier des cerises que cueille un Jardinier monté sur un arbre, au pied duquel on voit son chapeau & sa veste qui est bleue, une brouëte & d'autres outils de jardinage sont disposés à terre. L'autre représente auprès d'une chaumiere & contre une barriere de bois, une jeune fille assise accompagnée d'un enfant, un jeune paysan près

d'elle conduit un âne chargé de raisins ; il en offre une grappe à la fille qui paroît lui donner un œuf en échange ; on voit à terre un pot à lait renversé près d'un groupe de belles plantes. Ces deux Tableaux sont très intéressans pour la décoration d'un appartement. Hauteur 64 pouces, largeur 45 pouces. T.

P A R L E M Ê M E.

296 Un Paysage d'un site montagneux ; des chutes d'eau forment une riviere sur le devant, au bord de laquelle paissent deux vaches & une chevre gardées par un jeune pâtre qui est sur un terrein plus élevé, dans le fond on distingue deux autres figures. Ce Tableau qui est d'une composition agréable, tient de la maniere de Lemoine, Hauteur 30 pouces, largeur 36. T.

P A R L E M Ê M E.

297 La vue d'un Paysage d'une composition intéressante ; on y voit sur la gauche & au-dessus d'une arche de pont un pigeonier & quelques chaumieres, sur la droite un verger & des rangées de saule ; deux figures ornent les premiers plans, l'une est une jeune femme retroussée prête à traverser une riviere qui passe sur le devant. Ce Tableau vient de la vente de M. de Sereuil. Hauteur 25 pouces, largeur 30. T.

A U B R Y.

298 Une esquisse peinte sur papier collé sur toile,

repréfentant le mariage rompu. Cette compofition
eft la première penfée de fon grand tableau. Hauteur 5 pouces , largeur 6 pouces. T.

M. R O B E R T.

299 La vue d'une riviere , traverfée d'un pont de
bois, foutenu fur les ruines d'une arche en pierre; on
voit paffer deffus trois figures ; au-deffous un bateau
en pleine eau eft chargé de pêcheurs ; la droite
eft occupée par une prairie dans laquelle un homme
& une femme accompagnés d'un chien , gardent un
troupeau de trois moutons & d'une chèvre; dans l'é-
loignement on voit des blanchiffeufes au bord de la
rivière, qui eft ornée d'îles & de fabriques. Ce tableau
d'une couleur brillante, eft de la compofition la plus
agréable. Hauteur 14 pouces , largeur 20 pouc. T.

P A R L E M Ê M E.

300 Un tableau, dont la droite prefente une fontaine ,
au bas de laquelle plufieurs femmes font occupées à
puifer de l'eau ; la gauche eft ornée de deux figures
fur le devant d'un riche monument d'architecture ; on
apperçoit dans l'éloignement plufieurs figures fur différens plans qui terminent cette compofition. Hauteur 15 pouces , largeur 18 pouces. T.

P A R L E M Ê M E.

301 Un payfage orné d'architecture , repréfentant des
ruines d'anciens monumens de Rome ; deux figures

fe voyent fur le devant. Ce tableau piquant a été peint en Italie. Haut. 24 pouces, larg. 41 pouc. T.

M. H U E.

302 Un payfage avec fabriques & chaumieres, on y voit deux figures, dont une jeune fille conduifant deux vaches & trois moutons vers un étang qui occupe les premiers plans. Hauteur 22 pouces, largeur 18 pouces. T.

PAR LE MÊME.

303 Deux tableaux faifant pendans, d'une couleur fraîche & agréable, repréfentant des payfages ornés de figures & animaux. Hauteur 14 pouces, largeur 17 pouces. T.

PAR LE MÊME.

304 Une marine repréfentant une tempête accompagnée du tonnerre ; la droite préfente des rochers, au bas defquelles font fix figures, dont une femme qui pleure fon enfant, & une autre que deux hommes retirent de l'eau. Ce tableau vigoureux, eft piquant d'effet. Haut. 24 p. largeur 30 pouc. T.

M. LAGRENÉE le jeune.

305 Une grifaille, forme de frife, d'une riche compofition, repréfentant un facrifice. Ce morceau fpirituellement peint, eft une des belles efquiffes de ce maître. Hauteur 10 pouces, largeur 47 pouc. T.

PAR LE MÊME.

306 Un tableau riche de compofition, repréfentant le

repos de la Sainte-Famille, fur le devant d'un payfage orné de ruines d'architecture. Haut. 30 pouc.
largeur 37 pouces. T.

P A R L E M Ê M E.

307 Deux tableaux faifant pendans, repréfentant
l'amour de la mufique & de la guerre. Hauteur
31 pouces, largeur 32 pouces. T.

M. R E N A U D.

308 Une compofition de fix figures, repréfentant Galathée fur les eaux. Ce tableau clair & brillant, eft
d'un faire facile & agréable. Hauteur 11 pouces,
largeur 18 pouces. T.

L A N T A R A & J. B. L E P R I N C E.

309 Un payfage orné de figures & animaux, par Leprince; le milieu eft occupé par une rivière qui
paffe fur le devant du tableau au pied d'un rocher,
d'où s'éleve un groupe d'arbres : à droite fur un
terrein élevé, on voit deux hommes qui pêchent,
& fur les devans trois vaches & un chien font con-
duits à l'eau par un Pâtre; les fonds font enrichis
de maffes d'arbres & de fabriques fur differens
plans, & bornés par des montagnes qui fe perdent
dans la vapeur aërienne, parfaitement rendue
dans ce tableau, qui eft clair & brillant. Hauteur
14 pouces, largeur 18 pouces. B.

M. B O U N I E U.

310 Une compofition de deux figures & animaux,

repréſentant Mercure ſe préparant à couper la tête à
Argus; le ſond offre des rochers & maſſes d'arbres.
Hauteur 40 pouces, largeur 34 pouces. T.

M. HALL.

311 La tête d'un vieillard à barbe blanche, vue de
trois quarts, coëffée d'un chapeau rond. Hauteur
12 pouces, largeur 8 pouces. T.

Mademoiſelle GÉRARD.

311 *Bis.* Un tableau repréſentant l'intérieur d'une
chambre; on voit ſur le devant une jeune fille debout, elle eſt vêtue d'un juſte de velours rouge,
bordé de fourrure blanche, & d'une jupe de ſatin
blanc, elle porte ſur ſa poitrine un gros chat an-
gora blanc; on voit grouppé à droite, ſur un fauteuil, un mantelet, un éventail, des gravures dans un
porte-feuille, & ſur une table un déjeuner; dans un
renfoncement on diſtingue dans la demi-teinte un lit
à colonnes torſes. On connoît ce tableau par la
gravure qu'en a faite M. Vidal, ſous le titre du
Triomphe de Minette. Haut. 22 p. largeur 18 p.

M. DUPONT.

312 Un payſage; la gauche eſt ornée d'une maſſe
d'arbres près d'une fortereſſe, & d'un pont ruiné,
ſur une riviere qui ſerpente & ſe perd dans l'éloignement; à droite, les devants offrent un rivage
ſur lequel ſont trois figures, l'un vêtu d'un manteau, qui deſſine, un autre le regarde; plus loin on

voit une femme qui pêche, un chien, des troncs d'arbres ornent encore les premiers plans ; plusieurs figures & fabriques enrichissent les fonds de cette composition, qui est d'un site aussi agréable qu'intéressant. Ce tableau de mérite, est le premier qui soit passé en vente ; les productions de cet artiste peu connu méritent l'attention des amateurs. Hauteur 24 pouces, largeur 30 pouces. T.

M. DE BUCOURT.

313 L'intérieur d'une ferme, où l'on voit plusieurs figures d'hommes & de femmes à table près d'une cheminée ; deux femmes sont encore sur un plan éloigné, divers accessoires ornent les fonds de ce petit tableau, qui est un des plus fins de cet artiste. Hauteur 4 pouces, largeur 3 pouces. B.

PAR LE MÊME.

314 Un tableau représentant un marchand d'orviétan à cheval dans une place publique, environné d'un grand nombre de figures, distribuées sur différens plans. Ce morceau d'une composition riche, est une de ses meilleures productions. Hauteur 13 pouces, largeur 11 pouces. B.

M. NOEL.

315 Deux tableaux représentans des paysages & fabriques d'un site pittoresque, ornés de figures d'hommes & de femmes. Ils sont clairs & piquans d'effet. Hauteur 5 pouces, largeur 4 pouces, B.

M. DEMACRE.

316 Deux tableaux faifant pendans; l'un repréfente le temple de la Sybille, près d'un efcalier qui conduit à un jardin; l'autre eft la vue d'une maifon & jardin de plaifance, aux environs de Rome. Ces deux jolies compofitions font ornées de figures fur différens plans. Haut. 14 pouces, larg. 17 p. T.

J. B. PATER.

317 Une compofition de deux figures dans un intérieur de chambre de peintre, repréfentant un fujet tiré des contes de la Fontaine. Hauteur 9 pouces, largeur 7 pouces. B.

EDROPPE.

318 Un tableau repréfentant une tempête; on voit dans l'éloignement à droite deux vaiffeaux en pleine mer, un fort s'élève fur la gauche; le lointain eft formé par des dunes qui fe perdent dans la vapeur aërienne. Hauteur 7 pouces, largeur 11 pouces. B.

M. CAZIN.

319 La vue d'une riviere, au bord de laquelle un Pâtre fait abreuver des beftiaux; le fond offre la vue d'un village. Haut. 13 pouces, largeur 17 p. T.

INCONNU.

320 Deux tableaux repréfentant des oifeaux morts, fur des fonds imitans le fapin. Hauteur 12 pouces, largeur 9 pouces. T.

321 Cinq tableaux, dont une efquiffe de Leprince,
deux payfages avec figures & animaux, en hauteur
dans la maniere de Van Romeyn; une Sainte-Famille,
& un payfage par un maître moderne. Ces objets
feront divifés.

322 Onze Tableaux par différens maîtres, qui feront divifés, dont une Fuite en Egypte, attri-
bué *au Mole*; une femme qui trait une chevre,
& un Satyre qui joue du tambour de bafque;
une Marine; deux Têtes de l'école de *Maria
Crepi*; deux Têtes d'homme & de femme; deux
petits Prud'hommes; un Payfage de *Metey*;
& une Efquiffe.

- - -

DESSINS MONTÉS

DES TROIS ÉCOLES.

DANIEL DE VOLTERRE.

323 Un Deffin de deux figures à la plume & au
biftre, repréfentant Judith renfermant la tête
d'Holopherne dans un fac que lui préfenté fa
fuivante. Hauteur 11 pouces, largeur 9 pouces.

PARMESAN.

324 Un Deffin à la plume & au biftre, réhauffé de

blanc fur papier bleu ; repréfentant Circé qui
excite les compagnons d'Ulyffe à boire dans la
coupe enchantée. Hauteur 10 pouces & demi ,
largeur 7 pouces & demi.

LE GUIDE.

325 Un Deffin à la plume , repréfentant un grouppe
de trois Anges tenant des couronnes de fleurs ;
ce deffin fpirituellement fait, eft de forme ovale,
& paroît être l'étude d'un plafond. Hauteur 5
pouces , largeur 6 pouces.

VALERIO CASTELLI.

326 Un beau Deffin , à la plume & au biftre ,
réhauffé de blanc, fur papier bleu; repréfentant
le Calvaire; compofition riche. Hauteur 10 pouc.,
largeur 16 pouces.

PIETRO BIANCHI.

327 Un Deffin colorié, de forme octogone, repréfentant l'Enlevement d'Europe; ce morceau rare
eft bien confervé. Hauteur 10 pouces , largeur
6 pouces.

P. FARINATI.

328 Un Deffin forme de frife, à la plume & au
biftre, réhauffé de blanc, repréfentant un Sujet
allegorique fur la religion. Hauteur 4 pouces &
demi, largeur 16 pouces.

FONTE BASSO.

329 Un Deffin à la plume , fur papier blanc, d'une

riche compofition ; repréfentant le Mariage de Sainte Catherine. Hauteur 17 pouces, largeur 11 pouces.

PALMÉRIUS.

330 Trois Deffins, Payfages & fabriques, dont un à la plume & au biftre, & deux autres à l'encre de la Chine, fur papier blanc. Hauteur 11 pouces, largeur 14 pouces.

J. VANGOYEN.

331 Un Deffin à la pierre noire, repréfentant un Payfage orné d'une riviere gelée, fur laquelle on voit grand nombre de figures en traineau, & d'autres qui patinent. Ce deffin eft piquant & fpiri-tuellement fait, fur papier blanc. Hauteur 4 pouces, largeur 7 pouces.

BARTHOLOMÉ.

332 Un petit Deffin à la plume & au biftre, re-préfentant des ruines de fabriques & d'architec-tures, dans un Payfage orné de figures. Hauteur 4 pouces & demi, largeur 5 pouces & demi.

ADRIEN OSTADE.

333 La vue d'un Marché aux Poiffons, orné de plufieurs figures d'hommes & femmes ; ce deffin à la plume & lavé à l'encre de la Chine, eft fur papier blanc. Hauteur 13 pouces, largeur 11 pouces.

C. DUSART.

334 L'intérieur d'un Mufico ; on y voit grand nombre de gens à table, occupés à boire & à jouer, on remarque au milieu un homme jouant du violon affis, une jambe étendue fur un banc ; ce deffin capital eft à la plume, lavé d'encre de la Chine, fur papier blanc. Hauteur 10 pouces, largeur 9 pouces.

PAR LE MEME.

335 Un bon Deffin aux crayons noir & rouge, colorié, repréfentant un homme affis ; ce deffin rempli de fineffe, eft fur papier blanc. Hauteur 10 pouces, largeur 7 pouces.

VANDER DOES.

336 La Vue d'une prairie, où l'on voit un pâtre gardant une vache & trois moutons ; ce deffin colorié eft bien confervé. Hauteur 6 pouces, largeur 9 pouces & demi.

A. VAN DENWELDE.

337 Un Deffin repréfentant l'entrée d'un Parc, orné de fix hommes fur le devant, dont deux font à cheval ; on voit dans l'éloignement auprès d'une fontaine, quelques figures ; le fond préfente la façade d'un château ; ce deffin fait avec efprit eft à l'encre de la Chine, fur papier blanc. Hauteur 10 pouces, largeur 8 pouces.

338

DESSINS.

W. VANDEWELDE.

338 Deux Deſſins ſur papier blanc, repréſentant des
marines ornées de figures : à la plume & à l'encre
de la Chine. Hauteur 5 pouces, largeur 7 pouces.

C. DUJARDIN.

339 Un Deſſin ſpirituellement fait à la plume &
au biſtre, repréſentant un payſage avec fabriques,
enrichi de figures & d'animaux ſur le devant. Hauteur 5 pouces, largeur 7 pouces.

BOTH.

340 Deux Deſſins en hauteur, lavés à l'encre de la
Chine mêlés de biſtre, ſur papier blanc; repréſentant des vues de campagne & études d'arbres
ſur le devant, d'une touche legere & ſpirituelle.
Hauteur 9 pouces, largeur 6 pouces & demi.

H. VERSCHUURING.

341 La Vue d'un Parc orné de différents grouppes
de figures & ſtatues; ce deſſin ſpirituellement
fait à l'encre de la Chine, eſt ſur papier blanc.
Hauteur 8 pouces, largeur 7 pouces.

C. WISCHER.

342 Le portrait d'un Robin vu de trois quarts;
deſſin au crayon noir, ſur papier blanc, bien con-
ſervé. Hauteur 6 pouces & demi, largeur 5
pouces.

DIETRICCI.

344 La Vue d'un grand Chemin, orné de ſix figures,

G

d'un cavalier & d'un charriot ; fur le devant eft une femme debout , & plus loin un grouppe de cinq voyageurs en repos , près du chemin qui conduit à un village que l'on voit dans l'éloignement ; ce deffin eft fpirituellement fait à la plume , & lavé à l'encre de la Chine , fur papier blanc. Hauteur 7 pouces , largeur 10 pouces.

P A R L E M Ê M E.

345 La Vue d'une Campagne, dont le devant préfente l'entrée d'un village; l'on voit fur la gauche des chaumieres environnées d'arbres, fous lefquelles paffe un courant d'eau, près d'un chemin orné de quatre figures, dont deux hommes à cheval ; la droite eft occupée par un rocher ; quelques chaumieres & maffes de payfages terminent le fond de ce deffin qui eft lavé à l'encre de la Chine fur papier blanc. Hauteur 8 pouces, largeur 11 pouces.

P A R L E M Ê M E.

346 Un Payfage d'un fite montagneux & pittorefque, où l'on voit plufieurs figures fpirituellement diftribuées, & un grouppe de trois vaches fur le devant ; ce deffin à la plume & au biftre eft du meilleur faire de ce maître. Hauteur 9 pouces, largeur 11 pouces.

D. J. V A N D E R L A A N.

347 Un Payfage orné de fix figures ; la droite préfente un pont de bois, fur lequel une femme &

un enfant regardent des pêcheurs au bord de l'eau,
occupés à retirer leurs filets ; la gauche offre un
grouppe d'arbres & une chaumiere ; ce deſſin
colorié & d'une grande vérité , eſt de l'effet le
plus piquant. Hauteur 9 pouc. , largeur 8 pouc.

P A R   L E   M Ê M E.

348 Deux Deſſins d'une touche fine , & terminés
à l'encre de la Chine ; l'un repréſente un payſage
avec chute d'eau ; & l'autre la vue d'un canal
gelé , orné de pluſieurs figures. Ces deux morceaux ſont d'égal mérite au précédent. Hauteur
10 pouces & demi , largeur 9 pouces & demi.

N. P O U S S I N.

349 Un deſſin à la plume & au biſtre , ſur papier
blanc , repréſentant Moyſe ſauvé des eaux ; cette
compoſition de onze figures ſur le devant , &
d'une barque ſur la droite , eſt terminée par un
riche fond de fabriques & de payſage. Hauteur 4
pouces , largeur 7 pouces.

S. B O U R D O N.

350 Un Deſſin repréſentant le départ de Vénus &
Adonis ; compoſition de trois figures en ovale ,
fait à la plume. 5 pouces de diamêtre.

C. L E B R U N.

351 Un Deſſin ; compoſition de huit figures à la
plume , repréſentant Diane & ſes Nymphes au
bain ſous une grotte , & ſurpriſe par Actéon ;

ce morceau rare & capital, eft un des plus beaux de ce maître. Hauteur 8 pouces, largeur 11 pouces.

CLAUDE GELÉE, dit LE LORRAIN.

352 Un Payfage dans un fite pittorefque, orné de figures & d'animaux fur le devant, & d'un grouppe d'arbres fur la droite ; le fecond plan eft occupé par une riviere, bordée fur la gauche de fabriques & de maffes d'arbres ; ce deffin piquant, eft lavé à l'encre de la Chine mêlé de biftre. Hauteur 8 pouces, largeur 11 pouces.

J. STELLA.

353 Un Deffin à la plume & lavé d'encre de la Chine, fur papier blanc, repréfentant Jefus-Chrift dans le Jardin des Olives ; des Anges lui préfentent les inftrumens de fa Paffion. Hauteur 9 pouces, largeur 6 pouces & demi.

J. JOUVENET.

354 Une belle compofition à l'encre de la Chine, réhauffée de blanc, repréfentant Jefus-Chrift guériffant les malades ; l'on voit au-deffus le Pere éternel dans une gloire ; ce deffin eft terminé par un riche fond d'architecture. Hauteur 20 pouces, largeur 14 pouces.

LABELLE.

355 Un Deffin précieufement terminé à la plume, fur vélin, repréfentant un Chaffeur converfant avec une vieille femme qui file gardant des beftiaux,

que l'on voit dans une prairie fur la droite. Hauteur 7 pouces, largeur 10 pouces.

PAR LE MÊME.

356 Un Deffin de forme ronde à la plume, orné de figures & d'animaux, repréfentant une marche de Satyres. Diamêtre de 8 pouces.

LA FAGE

357 Un Deffin précieufement deffiné à la plume & à l'encre de la Chine, fur vélin, d'une riche compofition, repréfentant un Sujet de la Fable. Hauteur 5 pouces, largeur 7 pouces.

PAR LE MÊME.

358 Un Deffin à la plume & lavé à l'encre de la Chine, repréfentant la Décolation de Saint Jean dans la prifon ; cette compofition eft de quatre figures. Hauteur 15 pouces, largeur 10 pouces.

C. NATOIRE.

359 Un Deffin colorié, repréfentant Orphée qui enchante les animaux ; la droite eft ornée de fix figures fur le devant ; ce deffin agréable de compofition, eft du bon faire de ce maitre. Hauteur 12 pouces, largeur 16 pouces.

PAR LE MÊME.

360 Un Deffin à la plume & au biftre, repréfentant la Nativité ; ce deffin fait avec efprit, eft fur papier blanc. Hauteur 8 pouces, largeur 6 pouces.

BOUCHARDON.

361 Un Deſſin précieuſement terminé à la ſanguine, ſur papier blanc, repréſentant un Enfant dans l'attitude d'une cariatide. Hauteur 16 pouces, largeur 11 pouces.

CARLE VANLOO.

362 L'intérieur d'une Maiſon de payſan, où l'on voit une jeune femme qui ſe défend d'un ſoldat qui veut l'embraſſer ; divers acceſſoires ornent encore cette jolie compoſition ; ce deſſin capital, eſt à la plume & lavé d'encre de la Chine. Hauteur 16 pouces, largeur 21 pouces.

J. B. LE PRINCE.

363 Un Deſſin au crayon & au biſtre, ſur papier blanc, repréſentant un Joueur de tambourin faiſant faire l'exercice à un chien. Haut. 9 pouces, largeur 5 pouces.

PAR LE MÊME.

364 Deux Deſſins Payſages au biſtre, auſſi piquans qu'agréables, ornés de figures & d'animaux. Hauteur 5 pouces, largeur 6 pouces & demi.

PAR LE MÊME.

365 Un Deſſin à la plume & au biſtre, dans la maniere de *Boucher*, d'une riche compoſition, repréſentant un Sacrifice. Hauteur 13 pouces, largeur 17 pouces.

LA RUE.

366 Un Repos de Cuiraffiers près d'un Camp. Ce deffin à la plume & au biftre eft d'un trait pur & correct, fur papier blanc. Hauteur 11 pouces, largeur 19.

PAR LE MÊME.

367 Un Deffin à la plume & à l'encre de la Chine mêlé de crayon, repréfentant un Champ de Bataille. Ce deffin capital ne laiffe aucun doute fur l'originalité. Hauteur 8 pouces, largeur 13.

PÉRIGNON.

368 Deux Deffins à gouache faifant pendans; l'un repréfente le Temple de Janus près celui de Vefta, & l'autre celui des Termes de Tito & du fond de Saint Jean de Latran. Ces deux vues intéreffantes font précieufement terminées & ornées de figures. Hauteur 9 pouces, largeur 14.

PAR LE MÊME.

369 Plufieurs Deffins montés coloriés, repréfentant différentes vues d'Italie & autres, compofitions intéreffantes. Ces objets feront détaillés.

M. FRAGONARD.

370 Un Deffin au biftre, repréfentant la vue d'un Jardin des environs d'Italie, orné de figures fur différens plans; on remarque fur le devant un jeune homme roulant une brouette. Ce morceau

piquant offre un fite des plus agréables. Hauteur
9 pouces, largeur 14.

PAR LE MÊME.

371 Un Payfage d'un fite piquant & agréable, orné
de deux figures, dont un Berger danfant avec une
jeune fille, deux bœufs & quelques moutons font
auprès. Ce deffin, fpirituellement fait, eft au biftre
fur papier blanc. Haut. 10 pouces, larg. 14.

PAR LE MÊME.

372 Un Payfage d'un fite montagneux, orné de fabriques & de maffes d'arbres, dont le bas eft enrichi
de plufieurs grouppes de figures fur les devants.
Ce deffin fpirituel eft au biftre fur papier blanc.
Hauteur 13 pouces, largeur 17.

PAR LE MÊME.

373 Une compofition de trois figures vues à mi-corps,
repréfentant une femme qui fe défend des attaques de deux hommes. Ce deffin au biftre fur
papier blanc eft plein d'expreffion. Hauteur 13
pouces, largeur 17.

PAR LE MÊME.

374 Un Deffin au biftre, repréfentant un Payfage
en hauteur; la droite eft occupée par une riviere;
fur laquelle on voit un bateau chargé de trois
figures. Haut. 8 pouces & demi, larg. 6 & demi.

PAR LE MÊME.

375 Un petit Deffin, Payfage au biftre, fur le de-

vant duquel paſſe une riviere ; il eſt orné de pluſieurs figures ſur les devants. Hauteur 6 pouces,
largeur 9.

M. ROBERT.

376 Un Deſſin ovale aux trois crayons & colorié,
repréſentant une vue du Capitole, orné de figures
ſur différens plans.

PAR LE MÊME.

377 Un Deſſin à la plume & colorié, repréſentant
le Temple de la Sybille & autres monumens
d'Italie, orné de figures ; on remarque ſur le devant un enfant qui tire un chariot que deux femmes pouſſent par derriere. Ce morceau ſuave &
piquant eſt d'une compoſition agréable. Hauteur
13 pouces, largeur 15.

M. COCHIN.

378 Un grand Deſſin à la plume & à l'encre de la
Chine, repréſentant le Siege de Menin en 1745.
Hauteur 14 pouces, largeur 22.

LAVRENCE.

378 *Bis.* Deux Payſages à la gouache ſur velin, repréſentant l'un un grouppe de cinq figures, hommes & femmes dans un jardin ; ils ſont occupés à
faire de la muſique ; l'autre eſt un grouppe de
ſept figures ; on remarque ſur le devant un enfant endormi qu'une jeune fille réveille en lui
paſſant un chalumeau de paille ſur la bouche. On

connoît ces Tableaux qui ont tous deux été gravés
le dernier, fous le titre du *Mercure de France.*
Hauteur 11 pouces, largeur 13 pouces 3 lignes.

PAR LE MÊME.

379 Quatre Deſſins coloriés à gouache, de compoſition agréable, repréſentant des ſujets tirés des
Contes de la Fontaine. Hauteur 7 pouces & demi,
largeur 5.

PAR LE MÊME.

380 Deux Deſſins coloriés, faiſant pendans, & repréſentant des intérieurs d'appartemens, ornés
chacuns de trois figures d'hommes & de femmes.
Ces deux jolis deſſins ſont remplis de fineſſes.
Hauteur 8 pouces, largeur 6.

M. NORBLIN.

381 Un Deſſin colorié ſur papier blanc, repréſentant un Champ de Bataille : on voit ſur le devant
à gauche un grouppe de Cavaliers, dont un portant une enſeigne, monté ſur un cheval blanc.
Cette compoſition, remplie d'eſprit & d'effet, eſt
une de ſes bonnes productions. Hauteur 11 pouces, largeur 16.

PAR LE MÊME.

382 Deux Deſſins ſur papier peint, repréſentant des
Batailles ; compoſitions ſpirituelles, au biſtre re-
hauſſées de blanc. Hauteur 4 pouces, largeur 5.

PAR LE MÊME.

383 Un Deſſin de forme longue en travers, à la plume & au biſtre, repréſentant une Bataille. Cette compoſition eſt une des plus riches de ce Maître. Hauteur 5 pouces, largeur 11.

M. PARISEAU.

584 Deux Deſſins à la plume & au biſtre, dont un repréſente la mort de Suénon, Roi de Suede; le ſujet eſt l'inſtant où à la clarté d'un rayon de lumiere, les deux Vieillards montrent au Chevalier le Corps du Roi; l'autre repréſente la mort de Socrate, c'eſt l'inſtant où on lui préſente la Cigüe. Ces deux morceaux ſont riches de compoſition. Hauteur 13 pouces, largeur 18.

M. FIXON.

385 Pluſieurs Deſſins, Payſages, figures & animaux au biſtre rehauſſés de blanc, qui ſeront détaillés dans les vacations.

M. HILAIRE.

386 Une vue des environs de Conſtantinople, repréſentant un Repos de Voyageurs, grouppés près d'un gros arbre touſſu. Ce deſſin terminé au biſtre eſt un des plus fins de cet Artiſte. Hauteur 8 pouces, largeur 13.

PILLEMENT.

387 Un Deſſin de forme ronde, ſur papier blanc à la pierre noire, repréſentant un pâtre converſant

avec une femme, gardant fon troupeau. Ce deſſin ſpirituellement fait, offre des détails intéreſſans. 11 pouces de diamètre.

M. CARÊMÉ.

388 Un Deſſin colorié, repréſentant une Danſe de Satyres & de Bacchantes, en l'honneur du Dieu des Jardins. Hauteur 9 pouces, largeur 7.

M. MANCET.

389 Deux Deſſins coloriés, repréſentant des Payſages d'un ſite agréable, traverſés de riviere & ornés de figures & d'animaux ſur les devants. Hauteur 7 pouces, largeur 12.

PAR LE MÊME.

390 Deux Deſſins en hauteur coloriés, repréſentant des Payſages, d'une compoſition agréable, ornés de figures, dont une halte de ſoldats. Hauteur 13 pouces, largeur 9.

Mrs. MORETH & TAUNAY.

391 Deux jolies petites Gouaches faiſant pendans, repréſentant des Payſages & fabriques, ornées de figures par Mr. *Taunay*. Hauteur 5 pouces, largeur 6 pouces.

LANTARA.

392 Deux Deſſins Payſages à la pierre noire, ſur papier blanc, compoſitions riches ornées de figures; ces deux morceaux ſont des plus fins de ce maître. Hauteur 9 pouces & demi, largeur 13 pouces.

Mr. HILAIRE.

393 Une Danse d'hommes & de femmes sur le devant d'un Paysage ; dessin à la pierre noire, réhaussé de blanc, sur un papier bistré. Hauteur 6 pouces, largeur 8 pouces.

M. BOISSIEU.

394 Un Paysage d'un site montagneux ; la droite est occupée par un pont ; ce dessin à la plume & au bistre, est orné de figures. Hauteur 6 pouces & demi, largeur 9 pouces.

M. MOITTE.

395 Un trés-beau Dessin à la plume & au bistre, d'une riche composition, représentant des Bacchanales ou triomphe de Bacchus.

396 Plusieurs Dessins par différens maîtres modernes & autres ; la plus grande partie coloriés, qui seront détaillés dans le cours de la vente.

DESSINS EN FEUILLES

DES TROIS ÉCOLES.

LE PARMESAN,

397 Deux dessins, l'un est une étude de la Magdelaine dans le désert, un livre est ouvert devant elle ; dessin à la plume lavé au bistre. L'autre est un sa-

crifice antique ; compofition de fept figures, deffin
à la plume lavé de biftre.

SALVIATI, retouché par RUBENS.

398 Un fuperbe deffin, repréfentant une frife avec
cartouche, grouppée de fatyres, de bacchantes &
de figures au nombre de fept ; on y voit encore fix
mafques d'un grand caractere. Ce deffin à la plume,
lavé de biftre, & relevé de blanc, eft entierement
retouché par Rubens. Hauteur 17 pouces 6 lignes,
largeur 26 pouces.

J. PAUL PANINI.

399 Deux deffins à la plume, lavés à l'encre de la
chine, repréfentant des ruines d'architecture ; dans
l'un on voit des portiques ornés de pilaftres corin-
thiens, de ftatues & de bas-reliefs brifés, on y
remarque fur le premier plan un atlas ; dix figures
difperfées fur différens plans animent cette jolie
compofition : l'autre eft l'intérieur d'un temple
d'Apollon, on voit fa ftatue au milieu, celle d'un
lion & d'autres bas-reliefs ornent les premiers plans,
fur lefquels on voit encore huit figures. Ces deffins
d'une plume légere & d'une touche fpirituelle,
font du bon temps de ce maître. Hauteur 12 pouc.
largeur 16 pouces 6 lignes.

BENEDETTO LUTTI.

400 Un deffin à la plume, lavé de biftre & relevé de
blanc, repréfentant la courfe d'Hippomène &

d'Atalante; le lointain offre de grands monumens.
Ce deffin eft connu par la belle eftampe qu'en a
faite M. Bartolozzi. Haut. 19 pouces, larg. 14 p.

J. PAUL PANINI.

401 Un deffin aquarelle, repréfentant les ruines
d'un grand monument au pied duquel on voit
un vafe orné d'un bas-relief; quatre femmes font
auprès d'une fontaine furmontée d'un lion dont
le muffle verfe l'eau, un autre bas-relief de
foldats & des débris de corniche ornent le premier
plan à droite, fur lequel on voit un homme appuyé fur un bâton; des portiques en ruine terminent la vue. Ce deffin touché avec goût, eft de
mérite égal au précédent. Haut. 16 pouc. 9 lign.
largeur 13 pouces.

JULES ROMAIN.

402 Un deffin à la plume, lavé au biftre & à l'encre
de la Chine; compofition riche, forme de frife,
repréfentant des femmes romaines montées fur un
chariot environné de foldats. Ce deffin d'une plume
fine, & d'une compofition noble, eft un des beaux
de ce maître. Haut. 14 pouces, larg. 20 p. 6 lign.

LE PARMESAN.

403 Un deffin fin & capital, repréfentant la conver-
fion de Saint-Paul, compofition de fix figures. Ce
deffin eft à la plume, relevé de blanc fur tablette
jaune; une touche fpirituelle, une compofition
noble & favante, réunies au mérite d'être du bon

temps de ce maître, rendent ce morceau très-capital. Haut. 9 pouces 6 lign. largeur 8 p. 3 lign.

J. P. PANINI.

404 Un deſſin à la plume, lavé à l'encre de la Chine, repréſentant des débris de colonnes & de porti-ques ; on voit quatre figures aſſiſes entre des cor-niches. Hauteur 10 pouc. 6 lignes, largeur 8 p.

ANDREA SACCHI.

405 Un Deſſin tracé à l'encre & lavé au biſtre, ſujet ſacré, compoſition de ſix figures ; on voit le Saint Eſprit qui deſcend vers un Prêtre à genoux devant un autel ; dans le fond ſont pluſieurs ſoldats. Hauteur 13 pouces 6 lignes, largeur 12 pouces.

LÉONARD DE VINCY.

406 Un Deſſin à la pierre noire relevé de blanc, repréſentant Vénus & l'Amour. Hauteur 13 pou-ces 6 lignes, largeur 8 pouces.

GUERCHIN.

407. Un Deſſin au crayon rouge, repréſentant Apollon écorchant le Satyre Marſyas.

408 Huit Deſſins de *Rembrants*, *Metzu*, *Vander Ulft*, *Paul Bril*, *Bartholomée*, *Both*, & *Berghem*.

409 Quatre Deſſins par *Van Goyen*, *Berghem*, & *Loutherbourg*.

410 Six Deſſins par *Laireſſe*, *Vandevelde*, & autres.

P.

P. PATEL.

411 Deux Payſages, peints à gouaſſe ſur vélin, ils ſont richement compoſés, ornés de rivieres, fabriques, ruines, montagnes, & belles maſſes d'arbres; on voit auſſi des figures de beſtiaux ſur différens plans; ces deux morceaux ſont des mieux conſervés de ce Maitre. Hauteur 10 pouces 6 lig., largeur 13 pouces.

STELLA.

412 Quatre Deſſins, forme de friſe, d'après des bas-reliefs antiques.

M. ROBERT.

413 Neuf Deſſins, au crayon rouge, repréſentans des vues d'Italie, deſſinées d'après nature.

FRAGONARD.

414 Quatre Deſſins dont deux à la plume, lavés de biſtre, ſujets des contes moraux de M. de Marmontel; deux autres Payſages coloriées l'un & l'autre, ornés de figures.

415 Quatre Deſſins de *Coypel*, *Natoire*, *Claude*, & autres.

516 Deux Deſſins, de la Rue, repréſentant des batailles, deſſinés à la plume, & au biſtre; ces deux morceaux ſont des plus fins de ce Maitre.

417 Deux Deſſins de Pierre Teſte & Cangiage; l'un repréſente une étude d'Anges dans les nues,

compofition de quatre figures à la plume, lavé à l'encre de la Chine, par *Pietro Tefta* : l'autre repréfente Jefus-Chrift entre les Difciples d'Emmaüs, ils font vus par le dos, & font en marche, trait à la plume, fur papier bleu, par *Lucas Cangiagio.*

418 Six Deffins par *Jules Romain, Romanelly, Perino Delvaga, F. Mola, Lanfranco, Taffi.*

419 Sept Deffins par *Alexandre Veronefe, Parmezan, Tintoret, Baffan.*

420 Treize Deffins Italiens par *Taffi, Dominiquin* & autres.

421 Quatorze Deffins, de *Seghers, Crayer, Le Prince, Cazanova,* & autres bons maîtres.

422 Cinq Deffins de *Romanelli, Ciroferi, Bourdon, Bourguignon & Rembrants.*

423 Un Porte‑Feuille contenant cent cinquante Deffins ou environ, qui feront détaillés dans les vacations.

424 Sept Deffins de *J. P. Panini,* à la plume, de différentes grandeurs, repréfentant des monumens & ruines d'architecture & figures.

425 Huit Deffins de *Romanelli, Bourdon, Le Sueur, Boucher* & autres maîtres.

436 Huit Deffins de *Wander Meulen, Le Clerc, Larue* & autres.

427 Sept Deſſins Payſages de *Robert*, *Hue*, *Peri-gnon* & autres.

428 Six Deſſins de *Breughel*, *Wander Meulen*, *Perelle*, *Perignon* & autres.

429 Cinq Deſſins, dont deux de *Luider*, & trois petits de *Natoire*.

430 Huit Deſſins par différens maîtres, dont un *Jean Steen*, un *Both*, un *Le Clerc* & autres.

431 Cinq Deſſins de *Dietricci*, *Wander Meulen*, *Ozanne* & autres

432 Sept Deſſins de *La Fage*, *Vallerio Caſtelli*, M. *Cochin* & autres bons maîtres.

433 Un Deſſin de *Fonte Baſſo*, à la plume; repré-ſentant le Déluge.

434 Deux Deſſins, Payſages & figures, à la plume & au biſtre, par *Weirotter*.

435 Quatre Deſſins de *Brower*, *Oſtade* & autres maîtres.

436 Huit Deſſins d'*Oſtade*, *Zachlewene*, & autres bons maîtres.

437 Trois Deſſins Payſages, dont un à la pierre noire, de M. *Fragonard*, & deux à la ſanguine, de M. *Robert*.

438 Un Deſſin de *Perignon*, Payſage & figures colorié, & à la plume.

439 Quatre Deſſins forme d'éventail, de *Natoire*, & *F. Boucher*.

H ij

440 Six Deffins , dont deux traits de plume , par
Palmierius , *Parocel* & autres

441 Deux Deffins , dont un à la plume , de *Wanloo* ,
& un *Parifeau*

442 Six feuilles par le *Bourdon* , *Luckin* , *Lallemand*
& autres.

443 Deux Deffins de M. *Robert* , dont un au biftre ,
& l'autre à la fanguine.

444 Six Deffins , de *C. le Brun* , *d'Huys* , *Piranefe* ,
& autres.

445 Deux Deffins au biftre , repréfentant des Batailles.

DIFFÉRENS OBJETS,

TELS QUE BRONZES,

PORCELAINES, &c.

BRONZE.

446 Deux beaux Bronzes , compofition de deux
figures chaque , repréfentant des hommes & des
femmes qui luttent. 14 pouces de proportion fur
leurs focles de bronze doré.

M. CLODION.

447 Un Bas relief en terre cuite ; compofition de

deux figures de femmes & de fix enfans, c'eft
l'Amour à qui une Bacchante bande les yeux,
tandis que des petits Satyres joüent avec fon arc
& fes flèches. On voit dans l'éloignement près
d'un arbre une ftatue de Pan : cette compofition
a toute la grace & le fini des ouvrages de cet
habile artifte, dont le mérite eft déja très-connu.
Hauteur 12 pouces 3 lignes, largeur 14 pouces
6 lignes.

PORCELAINE DE VIENNE.

448 Un Déjeuner de la plus grande richeffe & d'un
travail précieux, compofé d'un grand plateau
fond blanc à guirlandes de fleurs & rubans, avec
rebords à deffins bleu & or, orné de fleurs blanches en relief, & découpées à jour, les anfes
repréfentant un petit enfant qui careffe un aigle
doré ; deux pôts de différentes grandeurs avec leurs
couvercles, les deux taffes à anfe & leurs fou-
coupes, & deux corbeilles, l'une defquelles eft monté
fur un pied fervant de fucrier ; tous ces objets
font à ornement bleu & or & fleurs blanches de
relief comme le plateau.

Dans un coffre doublé de velours bleu galonné
d'or, & recouvert en maroquin rouge à den-
telle d'or.

COROMANDEL.

449 Une Boëte avec un plateau uni, le deffus
& les côtés font ornés de fleurs de pavots en foie.

les feüilles vertes & or; elle est garnie d'une serrure en cuivre d'oré.

ANCIEN LAQUE DU JAPON.

450 Dix Tasses & leurs soucoupes , en laque noir & or.

451 Différens objets en tous genre, qui seront détaillés dans le cours des vacations.

FIN.

Lu & approuvé ce 30 Avril 1787. COCHIN.

De l'Imprimerie de PRAULT, Imprimeur du Roi, quai des Augustins.